/ **100** 位

新中国成立以来感动中国人物/

张 云 泉

张明乔　黄泽南/著

★

吉林文史出版社

前　言

　　每个人的心中都多少有一点英雄情结，都向往英雄、景仰英雄。也正因此，在中华人民共和国建国六十周年之际，由中央十一部委联合组织开展的"100位为新中国成立作出突出贡献的英雄模范人物和100位新中国成立以来感动中国人物"的评选活动中，群众参与投票总数近一亿。这其中的每一张选票，都表达了人们对英雄模范的崇敬之情，寄托着对伟大祖国的美好祝福。

　　一个民族不能没有英雄，否则这个民族就不会强大。当国家危难之时，懦弱者选择了逃避、妥协甚至投降，英雄们却挺身而出，用热血捍卫民族的尊严，人民的幸福。在创立和建设新中国的伟大历程中，涌现出无数可歌可泣的英雄模范人物。他们之中，有为了民族独立和人民解放而英勇牺牲的革命先烈，有为了党和人民的事业而不懈奋斗的优秀共产党员，有在全民族抗战中顽强奋战、为国捐躯的爱国将士，有英勇杀敌的战斗英雄和革命群众，有积极从事进步活动的著名民主爱国人士和国际友人……他们是民族的脊梁、祖国的骄傲，是激励全体人民团结奋斗的精神力量。

　　《100位新中国成立以来感动中国人物》丛书，就像一部星光璀璨的英雄谱，真实、完整地记录了英雄模范人物不平凡的一生，再现了他们非凡的人格魅力和精神世界。舍身堵枪眼的黄继光，拼命也要拿下大油田的王进喜，中国原子弹之父邓稼先，新时期领导干部的楷模孔繁森……一串串闪光的名字，一个个动人的故事，犹如群星闪烁，光耀中华。

　　当今中国正处于伟大变革的时代，迫切需要涌现出一大批勇于承担历史使命、为祖国和人民奉献一切的先进人物。在"双百"人物崇高精神的引领下，在建设社会主义现代化国家的征程中，必将英雄辈出。

生平简介

张云泉，男，汉族，1948 年 12 月出生，籍贯江苏如东，1964年 8 月参加工作，1971 年 7 月加入中国共产党，本科学历，历任江苏省泰州市人民政府副秘书长、信访局局长，江苏省信访局巡视员。

张云泉坚守信访岗位 26 年，始终牢记全心全意为人民服务的宗旨，真心诚意为民解难、为党分忧，平均每年接待上访群众2000 多人次，处理人民来信 2000 多封，接听来访电话几千次，以务实的作风和高尚的人格化解了一个又一个矛盾，维护了人民群众的利益，维护了一方稳定，维护了党和政府的形象，被广大干部群众赞誉为贴心人。他坚持深入基层、深入群众，常年奔走于大街小巷、边远乡村，千方百计为群众排忧解难，他讲得最多的就是"有话跟我说"、"我来帮助你"。他义务帮扶 60 多名贫困学生，为近百名群众求医问药，为生活困难群众捐助 6 万多元。在许多矛盾激烈的突发事件面前，张云泉总是挺身而出，不顾个人安危，极力维护人民群众的利益。他常说："做人必须像人，做官不可像官。"他把青春年华和全部精力献给党和国家的事业，自己两袖清风，一直保持着艰苦奋斗的本色。他是中共十七大代表，被授予全国优秀共产党员、全国劳动模范等荣誉称号，被评为全国道德模范、人民满意公务员、"双百"人物。

1948-
[ZHANGYUNQUAN]

◀张云泉

目录 MULU

从人民中来，为人民服务（代序）

　　从南黄海之滨一个普通渔村的扫盲班学员，到人民海军导弹快艇的发射长；从身着戎装的威武海军尖兵，到地方工厂传达室的看门人、澡堂搓背工、厕所保洁工；从一窍不通的信访新兵到信访能手、信访局长、全国重大典型、党的十七大、十八大代表、全国道德楷模、江苏省委委员，到江苏省信访局巡视员、全国"双百"人物；从光荣退休，到国家信访局特聘研究员、中组部三所干部学院共评的优秀教授，张云泉走过了一条极其坎坷、极富传奇色彩、极具轰动效应的"云泉之路"。他的勤学苦练、睿智善良、公正无私、关心同志、爱民亲民的行为举止，共同铸就其独具特色的人格魅力，受到领导、同事、人民群众的交口称赞，因而被评为时代先锋、学习楷模，可以说当世知名，也必定是青史流芳之人。特别值得庆幸的是，他是健在的英雄。如今，已经六十五岁的张云泉，仍然活跃在全国各地的讲台上，退休不退职，严格履行着终身为人民服务的庄严诺言。张云泉在多种场合接受采访时的言论、所做的报告内容以及其工作经验的总结构成的"张云泉精神"，正在社会各阶层起着引导、教育、培养新人的作用。他的处事策略、办事态度、工作方法已经成为许多在职干部工作实践的宝贵财富。《人民日报》颂其为"党的好干部，人民的好儿子"。这句话，不是没有质疑声，不是没有反对声，不是没有诅咒声，不是没有恐吓声，这些不同声音的出现，正说明信访是社会矛盾的风口浪尖、各种利益搏杀的平台，不愧是机关第一难！所以不可能人人满意！然而，更多的是颂扬声。为什么会出现各种各样的评价，这不奇怪，社会是一个万花筒，什么样的角色都会有，而社会认可的，还是大多数人的看法。张云泉恰恰是站在大多数人利益上干事的一个人，他说他实际上太普通了，觉得还有很多方面需要去努力，还需要不断地奋斗下去。

　　张云泉并不是不计较别人说法的人，面对各种质疑，他从容面对，执著地做着他认为应该做的事情，坚决拒绝做那些被有些人认为"聪明人"才会做的事，因此被很多人讽为"傻子"，面对"傻子"的称谓，张云泉却不据理力争，他说他就是要做一个傻子，一个如雷锋所阐述的傻子。面对反对声，张云泉希望说那些反对话的人，能真正地了解自己，他希望持不同观点的一些人多到群众中去走走，听他们在说什么，看看群众是什么态度，事实会让有些人改变看法的。张云泉特别开朗，他说欢迎随时随地监督，因为那样的监督，会使他更加注意自己的言和行，更加严格地要求自己。对于诅咒他的人，张云泉一笑了之，让他们诅咒去吧，再怎么诅咒，张云泉还是张云泉，不可能跟骂他的少数人同流合污，绝不会干损害人民利益的事。为了维护社会稳定、保护人民群众的利益，张云泉曾经多次向有关部门提供群众举报的信息、参与调查腐败线索，使一些"蛀虫"被清除，因此，有人恨他，在所难免。面对恐吓，张云泉显得有点轻描淡写：不就是个死吗，比起战争年代为党的事业牺牲的无数先烈和出生入死过的父亲及牺牲的哥哥，比起那些牺牲的战友，我张云泉活着，算是多活了些时日，没什么，就是死，也绝不会死得窝囊。张云泉挺直腰杆，大声说：怕死就不为党为人民做事了！只要活着，哪怕一天，我绝不容极个别人在我眼前向党旗上抹黑、欺负百姓，直到党旗盖身为止。

在职期间，张云泉忠实履行党员干部的义务，无论是德，无论是能，也无论是勤，更无论是绩，他总干得出彩出色，博来一片喝彩声。他处理的信访案件件是精品，被上级领导和参与案件复查的记者称为"免检品"。他处置各种事件的过程总令经历者感慨万分。有时，别人不敢说的、怕得罪人的公道话，他敢说！精明人想绕道走的事，他迎难去做！所以有人喊他张铁头、张青天！别人认为他的秉公办事精神已经感天动地，而他却说：只求问心无愧！现在，张云泉已经退休，但仍然四处奔走，积极宣传党的方针政策，向年轻人传授群众工作经验，为党能长期执政尽绵薄之力，经常提到"艰苦奋斗"四个字，严肃而且认真地维护党和国家的利益，尽自己所能、在一定范围内为民众（相识与不相识的）排忧解难。

农民之子

→ 苦难岁月

★★★★★

黄海之滨，沧海横流。

1948 年 6 月 5 日（农历五月初四），张云泉出生在如东县菅镇乡蔡桥村。蔡桥村是南黄海边上的一个乡村，那里民风淳朴，一直处于半渔半农的生活状况。

张少卿，菅镇蔡桥村人，村里很少有人知道他在哪里、在干什么（其实是抗日英雄、新四军某部侦察科干事）。后来，张少卿在长辈的催逼下，经请示组织同意，娶了当地普通人家的女子陈秀英为妻，先后生下两女，并抱养其兄之子张铁宝，张铁宝虽然还是个半大孩子，却已经是跟在张少卿后面干革命的"老"革命军人了。直到 1948 年，聚少离多的张少卿夫妻才喜得贵子，取名张云飞。生下张云飞的陈秀英很高兴，张云飞虽然是她生的第三个孩子，却是家里的第一个男孩，在农村，那可是件了不起的事。母亲对张云飞爱护有加，但也不得不常常背着张云飞下田干活，张云飞因此对农村、对农民有着深刻的了解，并因此产生了深厚感情。之后，张云飞又有了两个弟弟及两个妹妹，兄弟姐妹一共八个，是一个大家庭了。因为张少卿参加革命，常年不在家，家里实际上只有陈秀英一个人顶着，其艰难程度可想而知。那时的黄海边，盐碱地上根本长不了什么，但是，人们仍然犁地下种，希望能收上点粮食，本来就没什么收成的贫瘠之地，还得靠天，碰上旱涝，颗粒无收是常有的事，于是人们又下海去捞生，由于那时只有小破木船，捞到的海货很少，而且下海也难以解决生计，有人只好去逃荒要饭，村里每年都会发生饿死人的现象。

很快，菅镇那边就迎来了解放，新中国诞生了，虽然张少卿可以正式露面了，而且成了新中国的国家

▽ 海边捕捞

干部，可是，张云飞们却没能进城享受，仍然生活在海边的蔡桥村。

11岁那年，张云飞因为常年喝咸水的缘故，自己把名改了，改成了张云泉，只是希望喝到甘甜的泉水。关于把"云飞"改"云泉"两个字，后来有记者请教过张云泉，他解释说，当时要到离家很远的地里去干活，不可能像今天，身带矿泉水，口渴了就用手捧起田里小沟中的水喝，当时人们都说盐碱地的水太咸，如果能喝到甘甜的泉水就好了。他很渴望有一天能喝到它，所以就把名字里的"飞"改为"泉"了。

⊙→ 扫 盲

★★★★★

上世纪50年代初，农村的孩子，特别是边远地区的孩子，没有学上，并不是个别现象。

张云泉所在的村子里，跟他一样大的孩子，多数人上不起学。但是，张云泉很想进学校学习，却又不敢对父母提。虽然父母明知道张云泉想要上学、期望读书，但因为家里穷，不得不让张云泉过早地参加集体劳动。张云泉常常去很远的有小学校的村子，偷偷地趴在校园围墙外边的树上，看学校里正在读书和上体育课的那些学生，在张云泉看来，他们是最幸福的。张云泉既不想违背父母的意愿，又不想就此浪费了大好时光，他要学习。就在这时，村里搞起了农民夜校，主要任务是扫盲。当时的农村，识字的人少之又少，大多数人是不识字的。扫盲的老师是一个只念过小学四年级的农民。张云泉在劳动的间隙总是去缠着他，在他那里学了不少字，那位老师也教了不少的错别字，现在说起来可以当做笑话，但真就发生过。有一天，张云泉看一本借来的旧书，当他看到"五星红旗冉冉升起"时，"冉冉"两个字把他给卡住了。他立即拿着书去找那位扫盲老师求教。老师正在忙农活，不耐烦地讲："你真笨，这不就是'再再升起'吗"？张云泉说："'再'字我认识的，上面有一横，可这两个字上面没有那一横呀？"老师又说："说你笨你还不承认呢，那么我问你，五星红旗今天升起来了，明天是不是还要再升起来？"张云泉说："是呀！"老师说："这不就对了，这本书这么旧了，你又要识字又要挑猪草，把本来就破旧的书放在猪草篮子里，早把上面的一横给磨掉了。下次再遇到不懂的字，要学会连起来想，不要老来找我。"张云泉细细看看那本书，确实磨损得很厉害，也就信以为真。其实事后那位老师坦白地讲，当时他也不认识那个字，是怕张云泉死缠住他，影响到他干活挣工分，何况要是承认自己也不认识那个字，有些丢面子。

因为要学习，他极力争取时间。张云泉身上常常带个小本子，随时记下一时没能弄懂的内容，他学习刻苦，甚至到了忘我的境界。到了后来，甚至在看电影、电视时也要记，遇到一个好词，只要不懂都要记下来。别人打牌玩耍的时间他用来学习，背记政策法规条文。

张云泉由于好学，一方面弥补了没能上学读书的遗憾，另一方面，为他后来的发展打下了坚实的基础。生活其实特别照顾那些真正的勤奋者。

→ 进厂学技术

★★★★★

1964年春，张云泉随父来到海安县农村（这一年张云泉还不到16岁）。自那以后，张云泉没再回如东生活。当时，进厂当了学徒的张云泉，除了对工厂里的各种设备感兴趣外，更感兴趣的其实还是学习，进厂不到一年的张云泉，不但能独立操作，而且他还担任厂里的民兵班长，并兼管厂里的宣传和青年工作，年年被评为先进。

铸就军魂

→ 当 兵

★★★★★

　　很多跟张云泉相识的人都说，张云泉的身上有一种特殊的东西，绝对跟军队有关。是的，是中国人民海军那个大熔炉将他铸成了一名具有铁骨丹心的人，一个无惧无畏的英雄水兵。

　　1969 年 11 月，张云泉因为各方面表现优异，地方上及厂里的领导都希望他有更大的发展，非常支持他参军。前来接新兵的部队首长都看中了他的年轻、帅气、身体条件好、政治过硬。张云泉自己也特别想参军报国，文化条件是差了些，但好心的地方领导主动帮他到附近的一所中学"搞"了份高中二年级的在校生证明。要说学没上过，那是事实，其实，当时的张云泉，不仅技术一流，而且文化知识也不比厂里那些"科班生"差。尽管三军的接兵首长都喜欢这个青年，但根据特种兵优先选兵的规定，张云泉还是被海军特种兵部队选走，而且还当了班长，成为当时中国人民

△ 帅气的海军战士张云泉

海军里的技术能手、导弹发射长。

上了舰的张云泉，才感受到自己知识的薄弱，刚来部队的高兴劲儿很快就不见了，为什么？因为这个岗位不仅要求身体好、政治可靠，业务技术要求更高。张云泉虽然已经自学了不少文化知识，但是，要想掌握最新的军事技术装备，他的文化知识显然不够。张云泉要学的实在是太多了。部队的训练和学习都抓得很紧，那时候，张云泉和他的战友们真的没有太多多余的时间，他们每天坚持刻苦训练、集中学习，不要说旅游观光，就连正常休假都难以安排，但他们并不感到苦和累。因为众所周知的原因，当时的中国海军专业人员奇缺，就是在那样的环境下，他们坚持攻关，克服了一个又一个难题。

除了各项复杂的专业学习外，冬天的早晨也经常要在冰天雪地的野外进行一个多小时的耐寒训练。回营后每一位战士发一瓶开水，供洗漱和冲澡用。那天，跑出一身汗水的张云泉回到营房洗漱时，因脑子里面还在思考某个业务难题，刷牙后，本应用茶杯里的水漱口，但由于脑子里在思考专业题目，竟提起滚烫的开水瓶就往嘴里倒。刹那间他大叫一声，将开水瓶扔到了地上，他的嘴被烫得脱皮。战友们很快把他送到附近一个陆军卫生所，因不能正常饮食而挂了一个星期的流质。就在挂流汁的一个星期里，他仍坚持不间断学习，每天都按正常规定完成学习课程。回到部队的张云泉，参加军事业务考试，仍考了前几名，被评为"学习尖兵"和"五好战士"，并因此当上了班长，后成为该部队的导弹发射长。成绩是用汗水和常人难以想象的毅力获取的，张云泉值得自豪，但他不是一个自我满足的人，更不是一个骄傲之人。

➡ 偶 像

☆ ☆ ☆ ☆ ☆

　　自从张云泉被评为全国道德模范及"双百"人物之后，他的照片在中央电视台新闻联播的《时代先锋》栏目里播出了好几年，中央电视台《新闻联播》中张云泉的照片则被视为新时期党政干部的光辉形象。我们还了解到，当时部队水兵俱乐部里有很多长相标准的战士的照片，张云泉的照片曾经被宣传墙作为宣传水兵的常用照片，并因此成为了很多军人家里的偶像照。中央电视台的《东方之子》和《十七大代表风采录》播出他的事迹时，也播出了他当年的两张照片，不少人从网上下载珍藏。我们找到了这两张照片，当年的张云泉确实很英俊，就在今天，仍然有很多人把他年轻时的军人照视为偶像照，很多人请他签名、合影。

　　不同的偶像，有着不同的心态。心态不好，当了"星"也会失衡。有的明星屁股一扭挣千金，而张云泉只有几件旧军装和勋章；比起明星们到各地前呼后拥的派头，张云泉为了省下钱，经常坐公共汽车出差，甚至别人只知道他是一个主动让座的好旅客，却不知道他是张云泉。他的这种"我还是我"的本质，比起有些所谓的"大明星"，不知要强多少倍，朴素而真诚，因此能成为群英荟萃的英雄榜里耀眼的星中之星。

人民中的普通一员

→ 成 家

★★★★★

　　在部队不断进步的张云泉很快收获到了人生的另一种甜蜜，姐姐托人为他介绍了一位家在江苏省泰州所属泰县溱潼镇的朴实姑娘丁秀琴，因为张云泉早到了成家的年龄。部队首长也支持张云泉谈女朋友。双方确定恋爱关系后，当时经组织安排在海防前线简陋的招待所，仅花一百多元钱举行了婚礼。如今，张云泉的孙子也已经上小学了，而且又被称为班上的小童星、小帅哥。人们风趣地对张云泉说：你是好事做多了！你是老帅，你孙子是小帅！张云泉全家现在生活在泰州，他也经常回老家如东，漫步在故乡的海边和曾经挖过野菜的田野上……

→ 遭遇踢皮球

☆☆☆☆☆

因为"文革"后期种种原因，张云泉所在的部队在极"左"思想的影响下，也开始上行下效地"斗人"，搞"层层站队"、划路线界限，军事训练受到了干扰，张云泉们当然不适应，认为部队不能乱！不能搞什么"上批黑主子，下批黑靶子"。他们十分担心群蚁溃堤，私下里便有了"微词"。这还了得，就这样，张云泉离开了并不想离开的部队。没想到的是，向来又红又专的特种兵却遭遇了"踢皮球"的尴尬境地，联系了几个地方都以种种理由拒绝接收，本来作为军事骨干培养的人才被提前送回地方，要求他在艰苦岗位上"用汗水冲刷资产阶级军事路线"的流毒！

原因很简单，在那个"以阶级斗争为纲"的极"左"年代里，即使再有才能，但"思想上中过毒"的人也没人敢要！几经周折，张云泉终于被安排到某县的一个单位当书记，但由于他没有听懂"中介人"讲的"老虎下山也要先拜土地"的行话，使当地被称为"乌纱帽公司总经理"的实权人物龙颜不悦（后来此人因买官卖官等罪被判重刑），本来叫张云泉去某单位当书记，后改为去当保卫科长。可到了那个单位，单位头头又因为张云泉对他的谋私的意图不能"心领神会"，说保卫科的老科长不肯退，因此没有科长位置，让张云泉去看门房、做门卫，说这也是保卫工作，还说这样做也是有利于发挥张云泉的才能。

→ 门房看门人

★★★★★

张云泉于是成为了一名看门人。理由是：张云泉是特种兵，而那个单位经常失窃，需要一个"高手"把关，还说这是"人尽其才"。张云泉并没有说什么，痛快地走上了看门房的岗位，兢兢业业地干起了保卫工作。刚走上新岗位，张云泉便接受了"新考验"，经常光顾宾馆的小混混们借机结伙来"教训"张云泉，要他知道他们的厉害，

△ 张云泉和丁秀琴结婚照

以确保他们今后进出宾馆"一路顺风"。没想到的是，他们会在受过特种兵训练的张云泉面前不堪一击，张云泉不仅用当初在海防前线训练学到的本领制服了他们，还让他们保证今后不再来宾馆骚扰偷拿。因为他的认真，小偷们真的不敢上门了。张云泉憨厚地说："这是我第一次被作为专才，在地方的工作上被派上了用场。"后来，由于张云泉捉住了本单位偷东西的一名临时工，而此人是单位头头的小舅子。平时，张云泉只顾工作，不喜欢打听谁和谁是什么关系，捉"错"人后，他还天真地向小偷的姐夫（单位的主要负责人）建议将那位临时工辞退，结果，被"处理"的却是张云泉。

说什么信赏必罚，从有些人为非作歹的做法中，张云泉算是看到了地方上的一些"特殊性"，吃惊不小。却不敢忘部队的教育、家庭的教育，仍然坚持做对公家有利的事，且敢于顶真碰硬，真正做到了废奢长俭品德好，廉泉让水意志坚。张云泉说："无论在哪一个岗位，我都要做好，我要让那些人看看，革命家庭和部队光荣传统培养出来的人到底是什么样！"人地生疏的张云泉并不计较所谓的得失，一心想把工作做好。倒不是说张云泉是一个喜欢逆来顺受的人，他只是觉得自己是一个普通人，从没把自己看成是什么高人一等的人。

→ 澡堂搓澡工

⭐⭐⭐⭐⭐

张云泉很快就被安排到"更重要的岗位"上，他被分到了澡堂。领导还对他讲了叫他去当单位浴室服务员的理由和意义：澡堂的服务质量多年来上不去，张云泉同志做事认真，让他去看澡堂，澡堂一定会有起色的。实质是单位少数领导巧妙地换掉了传达室里的这双守卫过海防的锐眼，使他们能在公私不分的道路上"大胆地向前走"。张云泉二话不讲，来到了澡堂，接下来的两年，张云泉通过学习，掌握了为洗澡客人搓背的技术，很多人都愿意请他搓背。不只如此，张云泉还亲自搞卫生，原先那个环境差、条件一般的机关澡堂在张云泉的努力下很快成为全市有名的澡堂子，为此，张云泉付出了大量的汗水。记者采访张云泉时曾问他怨不怨，他坦然地说："我没想到我这样一个人会被踢来踢去，但是，我没被踢怕，我真的做到了向雷锋同志学习，干一行爱一行专一行。看门时，小偷们怕我；看澡堂子时，大家都愿意到我们的澡堂洗澡，我们可没搞什么特殊服务，我们靠的是卫生、清洁和热情服务。我用去污粉把长期沉积在浴室男女小便池上的尿垢擦净，用当年搞军舰卫生的标准来搞浴室的卫生。告诉你们，我的搓背技术不差，为了不断提高自己的搓背技术，我请有名的搓背师先为自己搓，从中学技巧。我甚至还专门去学中医的按摩推拿手法和人体经络穴位方面的知识，把这些手法技巧融合在我的搓背手法中，许多澡客惊叹："部队培养出来的搓背工比地方的强！"说老实话，采访者听了特想笑，可又不知道为什么笑不出来，生活"幽默"

了张云泉数次，他却幽默地一笑而过。这便是张云泉，把个人的得失始终看得很轻，而只要工作起来，他总是精益求精、毫不松懈。

如果说廉泉让水指的是风土醇美地方的话，那么，我们说，张云泉的廉泉让水却是在受到不公正待遇的情况下，始终保持了自身的美丽。他虽然脱下了水兵服，但他在复杂环境里，思想上仍保持着"碧水蓝天"，且不卑不亢做人，勤勤恳恳做事。

就在张云泉一门心思为大家搓背服务的时候，海军机关来人了，他们是来走访当年的特种兵的工作和生活状况的。来者做梦也没想到，当年驾驶战舰叱咤海疆风云的导弹发射长张云泉，却在澡堂子里为人搓背。张云泉的问题很快就摆到了有关领导的桌面上，经部队和地方反复协商，他被调出了某县那个叫他去看传达室、看澡堂的单位，重新分配，到了当时的县级泰州市信访局工作。这对张云泉来讲真是第二个春天。

为人民服务

→ 模范多从平凡出

★★★★★

　　1983 年 7 月，张云泉被安排到了县级泰州市信访局任秘书。刚走上新的工作岗位，张云泉很不适应。张云泉说："说实在的，对信访工作，我没一点思想准备，一开始，我甚至不知道什么叫信访，更不用说如何去接待上访群众了。有一次，在接待一位上访人时，我一直不敢回答他的提问，因为我不懂信访业务，我也不知道该怎么处理，上访人扯住了我的衣领，要拉我去见市长，他要问市政府为什么派一个泥塑木雕的人在这里接访。这件事对我的促动太大了，信访工作不仅是机关第一难的工作，而且包罗万象，需要懂许多方面的政策、法律法规，需要有做群众工作的真本事。自此，我每天坚持学习到深夜，一大早，我又起来背政策、背文件。在单位里，我主动向老信访们求教。没多久，我便胜任工作了，加上我把群众的事当成是自己的事，我总在想，如果我是上访者，他们的困难放在我身上，我会怎么想？在我做了单位主要领导人之后，我经常要求同志们都能做到对上访人的困难要换位思考，因为这样一来，就能更好地发挥每个信访干部的内在力去为民解难。做信访工作的人，千万不可以居高临下，这种不体贴民情的官老爷作风，难为民解难啊！当然也就失去了群众的信任。"

由于好学且为人真诚、办事认真，实际工作能力强，张云泉多次被评为先进，职位也不断地发生着变化。

1984 年张云泉被任命为泰州市（县级）信访局局长；1996 年，任地级泰州市信访局副局长；1998 年 12 月任泰州市信访局局长；2001 年 10 月，任泰州市政府副秘书长兼任信访局局长、市军转干部专门工作办公室主任；2007 年当选为中共十七大代表、中共

▽ 张云泉经常到群众中间了解情况、解决问题

江苏省委委员，同年调任省信访局巡视员；2009年8月办理退休手续，到2010年才实质上离开省信访局的工作岗位，他在信访一线干了二十六年。二十六年的基层信访工作，张云泉处理了成千上万的各种纷繁复杂的社会矛盾和纠纷，化解了上百起重大信访矛盾，帮助解决了许多信访问题，维护了一方稳定，真的是为党分了忧，为民解了难。离开省信访局又被国家信访局特聘为信访工作研究员，他是唯一一个从县、市、省三级信访岗位干到国家信访局的特聘干部。

→ 铁头局长

★★★★★

左眼受伤

生活中的张云泉是一个十分谦和、平易近人的人，可工作起来，他根本不会考虑自己的得失，有时，他会像战士一样冲锋在前。

1998年10月，市某国营企业因企业改制问题发生一起群体性事件。

当时，张云泉正在省委党校学习。

由于那个厂是文革中的造反派司令部所在地，厂里一直比较复杂，经常暗流涌动，不得安宁。加之是老国企，几十年大锅饭吃习惯了，对改制的做法十分抵制，加之社会上有各种各样不同想法，市里派出的工作组下去后，工作难度很大，新旧观念的碰撞激烈，形成全厂工人大集访。工人去堵塞公路，就这样，很多不明真相的工人聚集在厂部，为人员分流问题找厂领导讨说法。而在这关键时刻，厂里的一把手在外地出差，在家的几个厂干部又说对工人提出的要求"做不了主"而躲得远远的，不照面。

职工们的情绪越来越激动，而且越聚越多，很快就达到了1700多人。

更为可怕的是，第二天，一名工人因情绪过激引发脑溢血，当场死亡，事态急剧恶化，场面近乎失控。

张云泉知道了情况，坐不住了，立即赶到市里，直奔市政府，可到了市政府门前才发现，大门被工人堵上了，张云泉只好绕道去市领导办公室。领导们正在开会研究处理方案，希望张云泉能领第三批工作组人员进厂。张云泉其他话不说，小声说了句："保证完成任务。"市领导特别强调：你先带队上，我们这边正在组织警力，对那些蓄意破坏的个别人，绝不能留情，一定要保护绝大多数群众的安全和利益。

张云泉带人到现场后，发现十多人正在围攻一名做工作的干部，张云泉立即冲上前去，把那位干部救了出来。就在这时，不法分子趁乱将一名女工打倒在地，还高声喊："共产党的干部把工人打倒啦！"

现场一片混乱，倒下去的人被踩踏，直喊救命。关键时候，同去的两名干部面对千人情绪失控之势，选择了回头，向上级领导汇报去了（其中有一名，后来因腐败被判刑）。张云泉没走，现场形势不容多想，他马上找寻被推倒的职工，扶起一个是一个。慢慢挤到了被坏分子打倒在地的女工跟前，张云泉使出全力把女工拼命往上拉。倒地女工已经被踩得深度昏厥，张云泉将其抱了起来，想把她赶紧带离危险境地。其实凭张云泉在部队练就的功夫，那时他完全可以一个人全身而退，但他不能丢下昏厥女工不管。这时，几个流氓把一些人推倒在张云泉身上，其中一个人一拳打在了张云泉的左眼上。还有人乘机用领带勒张云泉的脖子，用脚踢他。不容多虑，张云泉必须设法保护自己，同时，还得保护受伤女工。他虽倒在地上，但仍把昏厥女工的头抱在怀里，用自己的身体护着倒地女工，大喊："大家要冷静，不要受坏人蒙蔽，赶快有序退出……"

现场可以说乱得一塌糊涂，但张云泉不糊涂，他知道，越是在这样的局面之下，自己越要保持冷静。为什么有人会喊共产党的干部把工人打倒啦？为什么会死人？好几个"为什么"在问张云泉。但现场容不得张云泉多思，张云泉的声音不停："请工人兄弟退到一边，别挤，会挤死人的。"

在混乱中，张云泉不仅冷静、果断地用身体挡住不法之徒打向群众的拳头，而且严厉警告不法之徒："不要无法无天，你们的行为肯定要追究。"他还急中生智地说："周围早就安装了监控设备，坏人的行动全记录在里面，一个也跑不掉！"他这种睿智的话使几个坏蛋吓得四处张望，赶紧溜走了！这时，市领导带领大批民警和机关干部赶到现场，救出被打得满脸是血、倒在地上处于半昏迷状态的张云泉。

事后，不法分子被绳之以法。

张云泉的眼睛却肿得睁不开，被立即送往医院救治。医生说：脑部暂时没发现问题，眼睛伤势严重，需要做左眼球摘除手术。市领导知道后，立即决定把张云泉送到上海最好的医院。刚好有个世界权威专家会诊活动，把张云泉的眼睛当做一个案例进行研究诊治，最终左眼虽保住了，但视力却由原来的 1.5 下降至 0.15，且常年怕光、肿胀，经常流泪，左眼变成终生残疾。

有人说张云泉太傻，遇到问题应该绕道走，何必遭这罪！其他人去应付一下就走了，不也照样当官！

拔斧相助

1991 年夏天的一个夜晚，一阵旋风将一对盲人夫妻的棚子掀翻。这对盲人摸进一座拱桥的桥洞里，算是有了个暂时的落脚处。然而，这时的河水在不断上涨。

社会上的好心人还是多，有人及时把盲人夫妻领出了桥洞，并把被雨水淋得浑身发抖的盲人带到城郊结合部某主管部门，向负责人反映问题。负责人明明在，却让门卫骗说领导出去了。眼看又要下暴雨，一群老百姓愤怒地领着盲人夫妇来到政府门前，盲人夫妇在政府大门前磕起了头，老百姓指着政府大楼叫骂。

张云泉知道后，把盲人请到他的办公室，立即打电话给盲人所在地的主管局，但那位局长根本就不买张云泉的账，还打起了官腔："要按程序，先本人打报告……"

张云泉听了电话气得手脚发抖，张云泉知道这位实权局长的权力与能力，而盲人找他如此难！他发誓：宁可不当信访局长也要管这件事。他一字一顿地对某局长说："现在是上午九点，如果下午三点他们还在桥洞里，我就用板车把他们拉进群众来信反映你利用职权侵占的空关房！没有钥匙，我就用斧头劈开房门。"

结果，那位局长派人用车子接走了盲人，并为其安排了一个住处。

次日早晨，人们发现，盲人住的桥洞已经淹没在水中。

事后，那位局长多次找市领导告张云泉的状，并到处散布谣言，说张云泉带人用斧头要砸他的门，耍军阀作风，甚至在人大代表与党代表选举时朋比为奸。在一次选民集中进场的关键时刻，这位局长伙同他的地方势力大肆造谣，说张云泉用斧头劈门，军阀作风严重，不能当人大代表，结果，张云泉以三票之差落选。后来，又两次使本应符合当选条件的张云泉落选。对此，张云泉不但毫不在意，反而更加认真地做对群众有益的工作。他说："身正不怕影子斜，与其跟他们去争辩浪费精力，倒不如多为老百姓做更多实实在在的事情。只要一对年迈盲人没被洪水淹死让老百姓骂共产党，比我选成什么代表都重要。"

后来，那些人倒台了，选民们还是选了张云泉，张云泉不仅被老百姓选为省人大代表，还当选为中国共产党十七大代表、江苏省委委员，退休后还被国家信访局特聘为信访工作研究员。

当年那位造谣的局长却因贪污，坐到牢里去了。

张云泉知道后只说了一句："他那样做事做人，迟早要进去的。"

不会淹死在美女浴池

2006 年深秋，泰州所辖某市的一家工厂改制，企业老总不按政策办事，在职工头上捞好处，引起职工的不满。而该县的一位分管领导却对此事刻意遮掩，致使矛盾激化，群众把市政府围了起来。张云泉不一会儿就来到了群众中间。

当时，下着大雨，有的群众打着雨伞，有的群众没有雨伞。外面比较冷，张云泉只穿着一件衬衫站在雨中。张云泉看到有些群众情绪非常激动，要冲向政府大门的时候，诚恳地对大家说："你们有雨伞的打着伞，我不用雨伞，我就站在雨中听你们诉说，可以吗？"有的群众被他的言行感动，情绪有所缓和。

但当中仍然有一个愤怒的工人要冲向大门。张云泉去拦住他的时候，他把对企业负责人的怨气发泄到张云泉的身上，一把将张云泉推倒在地上。张云泉跌在地上浑身是水，凭张云泉的功夫，他足以对付几个人，但他爬起来不但没有还手，反而拉着那位推倒他的工人的手说："你把我推倒了，只要你心里的气发泄了，我不计较，有什么要求，你跟我说。"

张云泉不仅没怪那位工人，爬起来后还握住了那位工人的手。那名工人很受感动，不但不推张云泉了，还拉着张云泉的手说："希望您理解我们对那帮蛀虫的愤恨。"张云泉诚恳地说:"是我们工作没有做好,没有提前下去了解那些侵吞国有资产的情况,我应该接受惩罚,向你们表示歉意……"人们看到张云泉穿着湿透了的衣服在雨中冻得嘴唇发青,仍在耐心接待他们,工人们的情绪迅速降温。

张云泉把堵在政府大门前的工人们请到了信访局,在认真听取工人们反映的情况后,当即到工厂去,在工作程序上,先召开座谈会,并请厂领导、主管部门的领导一起参加,听情况反映。但厂领导的态度和承包厂里工程施工的包工头的态度都非常傲慢,包工头占用厂里的土地搞的违章建筑拒不停工。

张云泉对企业老板和包工头互相勾结的行为进行了严厉的斥责,并在回来后写成紧急情况汇报,送市委主要负责同志。

市委主要领导和市纪委负责人对此高度重视,连夜组成工作组进驻该企业,对群众反映的问题进行认真的调查。给厂里的那几个"蛀虫"、承包工程的老板形成巨大震慑。他们开始活动,其中,有一个负责人仗着曾经担任过张云泉爱人单位领导的关系,找人跟张云泉打招呼:"厂里这块地是黄金地,这里建房子将来获利可观,只要张局长放我们一马,好处共享。他与他爱人上一世的班也得不到这么多的钱。"

张云泉马上斩钉截铁地做出了回答:"送不要钱的房子等于送牢房。"

搞违章建筑的包工头在夜里也打电话,邀请张云泉到他开的洗浴按摩中心去,请最美的"小姐"为他按摩休闲。

张云泉对包工头说:"我当海军在太平洋里游过泳都没有被淹死。因此,也绝不会淹死在你的美女浴池里,问题应该怎么处理就怎处理。"

后来，那家工厂里的几个"蛀虫"、违法老板、个别贪官受到了应有的制裁。被捕的那天晚上，那几个人的同伙与亲友几次打电话对张云泉说："本来这个事情完全可以提早收场、利益共享，但你硬要把事情搞僵，现在他们去坐牢了，你好处也没得到，同时也警告你：君子报仇，十年不晚。"

张云泉厉声回答他们："你不要在黑暗的角落里打电话，十年太晚，你们现在就来好了，比起牺牲了的战友，我张云泉已经多活了几年。"

张云泉一身正气，加上特种兵的基本功，那些人当然不敢当面乱来，却背地里说张云泉的坏话，散布各种光怪陆离的谣言，晚上也有人向他家窗户上扔砖头，大年初一早上，门口有粪便垃圾，骑的摩托车有人用刀片划胎……也给他取了好几个"新名"，但最出名的是"张云泉是个难剃的铁头"。

"张铁头"自那出了名。

张云泉确实有几个面孔，但不是那帮人所说的那几个面孔。对待愤怒的群众张云泉可以做到毫无怨言，对待"蛀虫"和贪官却毫不姑息，对黑恶团伙则大义凛然。

→ 张青天

★★★★★

干部为老百姓办实事是终身制

2004年的一天，何友明在医院病房洗脚时，因为眼睛失明，不小心踩翻了水盆，遭到他人埋怨。想起曾经受到的冤屈，一气之下，决定到市政府上访。张云泉接到电话后，立即赶到医院。病房的楼道里已经挤满了150多人，并影响到了医院的正常秩序。现场吵吵闹闹，说什么的都有。有人挑动老何的家人，说过去受了迫害，现在应该找政府算账，怎能安心躺在医院？还有的说为了促使问题解决，最好全家人都跪到天安门广场去……唯恐天下不乱。

十多年前的一天早晨，何友明跪在政府门口，拦住当时县领导的汽车。据其反映，在极"左"年代，他被错误下放到边远农村，带着全家人下乡改造思想，现在已经年老多病，生活无法过下去，请求政府照顾他们回城。领导找来张云泉说："这是在极'左'年代错误路线造成的后果，你全权处理。"张云泉接过了任务。

因为名额不够，加上张云泉的权力有限，头四年，只能每年帮他们家从边远地区迁回一个人的户口，因为那时是计划经济年代，农村户口要迁回城市非常困难，所以，每年只能迁回一人。户口进城以后，还要解决一家人的住房问题、粮油供应的落实、子女上学问题，还要解决老人的生活费用和看病费用等等问题，张云泉记不得跑了多少腿，求了多少人。

从领导当初把任务交给张云泉，到老何生病住院，整整十七年，因为张云泉的努力，老何家没再到市政府上访。

怎么又闹起来了呢？

张云泉拨开人群挤进了老何的病房，医院保卫科要叫公安民警来，但张云泉冷静地立即制止，不准喊公安来。他认为：那样做会使这里的人群情绪升温，而且会授人以柄，150多人一旦冲出医院到大街上去，将会使许多不明真相的群众卷入，而且会演变成更大规模的集体闹访事件。

张云泉微笑着走到老何病床前，对老人说："老人家，您要去上访吗？我带您去。但现在外面很冷，地面都是冰雪，您脚还没有洗，光着脚到外面挨了冻，病情会加重，我帮您先把脚洗干净，穿好鞋袜和棉衣，再坐上我的车去上访。"老人没反应。

张云泉随即打来一盆热水，准备给老人洗脚。当时，一位年轻护士悄悄对张云泉说，"他家里人已经几天没给老人洗脚了，脚很臭。我们早上给他清理床铺时都是戴着双层口罩。你还是叫他的子女给他洗吧。"

张云泉毫不犹豫地弯下身，挽起了老何的裤腿，蹲在地上，开始给老人洗脚。刚用毛巾把老何的脚丫子蹭了几下，水就混了，确实臭味难闻，而且老人的脚上有许多老跰。张云泉只好将水倒掉，又换了一盆热水，再次帮老人洗脚，甚至还认真地给老人按摩，见老人脚上有裂口，又叫医生拿来药膏。实际上，他是有意延长时间，同时稳住他的亲属和围观人员。

本来情绪不稳的老何，双手抱住了张云泉的头，用自己的脸在张云泉的头上蹭着，眼泪像断了线的珍珠滴在张云泉的头上。站在一旁的亲友、病友和围观的群众都被眼前的这一幕震住了。一些本来参与起哄的群众说，真想不到政府的干部会给非亲非故的住院老头洗臭脚。少数想借机煽动闹事的人感到没有口舌可抓，悄悄离开了现场，其他围堵闹访的人也很快自然散去。

没有动用一名警察，又平息了一次即将发生的群体闹访。后来，八一电影制片厂以张云泉事迹为原型，拍摄电影《情暖万家》，再现了这一"局长为上访者洗脚"的感人镜头，许多观众情不自禁地流下了热泪。

老何弥留之际，让子女请来张云泉。老人当着家人们的面要请张云泉帮他修改遗嘱。把遗嘱中原来写的他死以后"遗体在运往火化场的途中，灵车要绕市政府三圈"改为"所有家人都不允许和共产党的政府闹事"，并嘱咐其老伴和子女："说来说去，只有共产党的政府靠得住，有事就靠共产党的干部。"

老何拉着张云泉的手说："您是我今生遇到的最好的人。我快要走了，我放心不下的是老太婆和这个穷家。我把他们都托付给您了。"张云泉握着老人的双手深情地说："老人家你放心吧，共产党不会让任何一家活不下去的。"就这样，老人安详离去。

老何去世以后，家里人按老人的遗嘱，没有一人上访闹事。有人对张云泉说：上访的老人已经去世了，这件事你忙了十七年，总算结束了，现在该歇一歇了。张云泉又何尝不想!

老何走了八年多，张云泉仍然经常在忙这户人家的事，老太太体弱多病，要经常给她解决看病费用等问题。而且每逢年节就像走亲戚一样，即使他不在都会让妻子代他，自费带上礼物到老太太家去看望。给老何家安排的房子遭遇拆迁，这种贫困户哪有钱买房子，需要协调。当初给他们子女安排的工作，又全部下岗失业，要重新帮他们解决再就业问题。去年，老太太因为孙子大专毕业后找不到工作情绪波动，常在老何遗像前哭，并打算抱着老何的遗像带着孙子跪到政府上访，去拦市领导的汽车。张云泉闻讯赶到他家，拉着老人的孙子，在老何的遗像前发誓：只要你努力学习求上进，我磕头也为你找份工作，让你爷爷九泉之下放心。后来的一段时间里，张云泉多方奔波求人，终于帮老何的孙子找了一份工作。如今，该青年已是单位爱岗敬业的业务骨干，并入了党。

中央电视台《面对面》栏目曾专门录制过张云泉的节目。

主持人王志：又该上场了。

张云泉：我到那儿去以后，看他坐在那个床上，在发牢骚，在哭泣，用手在拍，说"我眼睛瞎了，水也踩翻了，要不是当时受的气，我也不会有这个事啊"，怎么怎么的。我理解他，所以我赶快把地面上的水用拖把拖了。我说你不吵了。我又打来水，帮他洗脚。

王志：那您这样去做的时候很自然吗？

张云泉：我是（出于）一种"赎罪"的观念。

王志：怎么讲？他的苦难不是你带来的。

张云泉：我在二十多年的信访岗位上，可以说每一件信访问题的产生都不是我们信访干部制造的。可是我下去以后，迁怒于我的事，把气出在我身上的事太多太多了。所以我刚才向你讲的，我是（出于）一种"赎罪"的观念。过去把他这个事搞错了的那些人，也是我们干部队伍当中的一员啊。所以，我用我的行动为这些人去"赎罪"，让这些群众谅解啊。

王志：那洗脚算是你的创造？

张云泉：我也是没有办法，这也是在特定的情况下化解思想情绪的一种方法。那你说怎么弄呢？这时候再给他读什么报纸，讲好多红头文件的伟大意义，不行啊。这时候，我想需要的是我们这些干部怎么去做。

王志：那有没有别的办法呢？从人的角度来说，一个信访局长能够替上访对象洗脚，大家可能会说好，但是理智地想一想……

张云泉：洗脚也好，哪怕到人家去磕头也好，都是在各种特定的场合。一切有利于化解矛盾、消除对立情绪的事，言语也好，动作也好，代人受过也好，我都去做。

《中国新闻报》2005年5月18日D2版载：老何的老伴朱兰在家里接受采访时，哭着谈起张云泉对她家的帮助，她的话我只能听懂一小部分，感激之情却溢于言表。

笔者问过张云泉，您早已调出泰州，而且又退休了，这件事您完全可以不管。张云泉说：一听到群众有困难，我就放心不下，干部任职有退休的时候，但干部和群众的感情永远不能退！

妻子下岗

市里面为了解决一些干部家属的失业问题，决定把一部分失业的家属尽可能安排到一些事业单位。组织上考虑到张云泉老家在农村，家里兄弟姐妹都失业，妻子又下岗，家里负担很重。有关领导找他谈话，要把他妻子安排到比较好的机关事业单位工作，组织上曾让张云泉填表，让他妻子进机关事业单位，每个月的工资将近3000元。但张云泉却谢绝了组织上的好意。

张云泉有张云泉的考虑，认为妻子所在单位三四百工人因下岗已有几次集体上访，如果因为自己家属是局长的妻子，就可安排调进机关事业单位工作，而那些工人家没有人在当干部，自然也就无法享受待遇。他们再来上访，自己再去做工作就底气不足，工人会说你家属调进了机关事业单位工作，我们在这儿失业，你有什么资格做我们的工作。张云泉对领导说："如果给我家属安排了好工作，我再去做其他人的工作时，就会没有效果。"

事实上，张云泉妻子单位集体上访时，工人们也喊她一同前往信访局。她有怨气同时也很为难，怨只怨张云泉铁面无私，为难的是如果她不去，同事们就会认为她与大家不保持一致。张云泉并不反对妻子参加上访，但与妻子约法三章：一是一同去，二是站在大家后面，三是不多讲话。就这样，张云泉妻子单位的几次上访她都去了，每次都是悄悄地站在最后面，也不多话。果真如张云泉所料，自己妻子单位及其他一些单位的下岗失业工人在市政府门前上访时，张云泉与一些同志出来做接访工作，有些工人指着他们认识的一些干部说："你老婆与我们同时下岗的，现在你利用职权把家属调在了好单位上班，一个月拿我们几倍的工资。如果我们也和你家属一样，那么我们还用来这里上访？现在你凭什么来对我们这些下岗职工指手画脚，你有什么资格！"个别干部只能灰溜溜地离开现场。

而张云泉出来做工作时，那些人则说："张局长说话我们听，他老婆还和我们一道上访呢。"张云泉的妻子直到退休以后，还在一家个体服装店给老板卖衣服，一个月仅 300 元工资。

人的境况是捉摸不定的，谁能说清楚人生的起落、祸福，因为不是什么人都可以品竹弹丝，也不是所有人都可以绮襦纨绔。张云泉不为眼前利益所动，一直坚守信念，谨慎做人，公正处事，因此被评为楷模。群众享受了张云泉的奉献，当然，张云泉也从群众那里得到了慰藉，那就是金杯银杯不如老百姓的口碑！

党　恩

张云泉刚到信访局不久，一位上世纪 60 年代的老大学生王德元，因为在"文革"期间受到迫害而失去了公职，做了十多年的代课教师。随后妻子失踪，儿子去世，但是问题一直都没能得到解决。王德元绝望之中找到了信访局。

那是一个秋天的清晨，张云泉正要走进办公室，被五十多岁的王德元挡住去路。一连串的打击让老王贫病交加，如今又随时面临精简的可能，这往后的日子可怎么过啊！老王步行了三十多公里，来到市信访局。

张云泉听完王德元的叙述后，禁不住泪流满面。张云泉决定帮一帮王德元。张云泉对王德元说："你不要难过，我会尽量帮你解决困难。"张云泉帮他填好了来访登记表。解决问题却费了很长时间。为寻找到能证明王德元历史冤案的证据，张云泉不知碰了多少壁。在证实王德元所说的一切都是事实之后，张云泉多方协调，排除阻力，在当地政府的支持下，王德元的问题终于得到了解决。王德元送来了锦旗，写来了感谢信，表达了对党的感激和对张云泉本人的感谢。王德元把这件事讲给他的学生们听，让学生们写下了以《党恩》为题的作文。

张云泉告诉采访者：他来的时候就不想活了。我看他那么一个男同志，说得眼泪一把鼻涕一把的，确实很可怜，我立即帮他打电话协调解决他的事。走的时候，我只给了他一元钱（当时回程只需六毛钱）买票回去，那人就感动得不得了。后来我到他们那个地方去协调解决了他的问题。

人不伤心不落泪，人无难事不上访，一件工作却让群众看到了共产党好，让人民铭记党恩，张云泉说：

不就是多跑了些腿，遭了点白眼吗，值了！

香臭辩证法

1995 年夏天，泰州创建文明城市，市区旱厕要全部改成水厕，本来是件好事，可某处的厕所建了四次，四次被推倒。附近二百多无厕可上的居民闹到了市政府。一位领导找到张云泉："老张，你领人去协助有关部门把厕所修好，确保创建卫生城的任务落到实处，为群众生活提供方便。"

张云泉二话不说，点头就走。

张云泉一到现场，立即就围上来了一百多人。张云泉认真听，边听边思考。不让修的理由是：谁都不想把厕所建在自家旁。家家都离不开厕所，家家都怕靠近厕所。由于两个多月没有厕所，地上一片狼藉，墙被推倒在地上，粪便、鸡肠、鱼腩、烂菜根等混在一起，发出腥恶臭味，绿头苍蝇满地乱飞。

关键是距离问题。张云泉问紧靠厕所的几户："你们自己说距离你们家多远允许修？"群众说："五十公分。"张云泉已经看了现场，心里有数，掐头去尾算下来，超过六十公分，因此说："那就六十公分吧。"大家自然都同意了。

谁去量距离呢？张云泉看了一下身旁的人，个个唯恐被叫去测量，纷纷往后退。张云泉扫了大家一眼，毫不犹豫地脱掉皮鞋和袜子，认真地测量起距离来。张云泉踩在漫过脚面的粪便垃圾里，苍蝇叮在他脸上、身上，他对群众说：请谁来复量一下，我量的尺寸是否公正。那几户推倒厕所的群众大声喊他："张局长，就凭你这种做法，即使测量的距离有一点误差，我们也支持政府把厕所修起来。"

张云泉走出粪地，马上布置任务，并限令完成。

在张云泉的监督下，新厕所很快修建而成，粪便垃圾也清理完毕。张云泉甚至请来了卫生防疫站的同志，对现场作了消毒处理，群众都积极配合。

事后，张云泉向那位布置任务的领导汇报情况，领导起初还不相信："这么快就解决了？怎么回事？前面的两拨人可是说了一大堆困难啊！"

张云泉意味深长地叹了一声："唉……"

当天晚上，分管创卫工作的市领导召开创卫任务过堂会，各单位负责人一一汇报创卫进度。当问到老大难的厕所问题时，张云泉简洁回答三个字："修好了。"当领导要他详细汇报时，他却说，是同去的兄弟部门同志不怕脏带头干，所以很快修好了，说因为他去没什么事干，所以个人没什么汇报。领导表扬了张云泉提到的有关部门，被表扬的单位领导对张云泉说：你这样说，我们不好意思。张云泉说：管他谁干的，干好就行了。何必那么计较谁多干、少干。由于他的这种作风，使许多人都愿意和他共事。

何为香？何为臭？

站在高岸，虽袭香纬，其身实脏；善人护民，虽履臭地，正义不臭。

再来回味张云泉的所作所为，他可不是耕当问奴，织当访婢。关键时刻，挺身而出，走进臭地，理顺距离，解决问题，没一点官架子，没把自己当成什么香花美草，说干就干了。而且干得出色、出彩，也许走出粪地时身上确有异味，但其人格香飘万里，令人打心眼里感慨。最为难得的是，他是我们身边的英雄，看得见，摸得着，所以更具教育意义，更该大写。

"同步进行"就会同步坐牢

1996 年市级区划调整时，好多单位因区划调整后工作的需要，都在忙忙碌碌新建办公大楼，信访局也不例外。

规划决定后，张云泉的做法与众不同。他提出来：第一，信访局大楼由市领导决定委托其他单位代建；第二，建大楼的钱一律打到财政局指定的账户，他不批一分钱，不批一张条子；第三，从他做起，信访局全体同志不得介绍一砖一瓦、一个包工队进场，不接受包工头宴请和礼品。

规定一宣布，当时就有同志不理解。有人直接对张云泉说："我们信访干部本来就很辛苦，难得单位能建一次大楼，我们在能做到保证质量的基础上，就算介绍个自己的亲友进来承包项目也没什么不对呀，你这样让外人去搞，别人笑话肥水流了外人田啊。"

张云泉解释说："大楼不管是哪个承建，都必须要保证质量。我们整天有忙不完的工作要做，去管建筑干吗，还是集中精力做好我们自己的工作吧。"

信访局大楼最终落实由财政局基建办负责监督承建。

一次，一位承包商老板以工作为由把张云泉请了过去。该负责人开门见山地对张云泉说："老张呀，听说单位最近给你分了一套房子正好还没装潢对吧？"张云泉问他是什么意思，该负责人说："信访局不正建大楼吗，你整天忙于工作，再操心装潢，够烦的，你把钥匙给建信访大楼的老板，正好和信访大楼同步进行嘛！"

张云泉听罢很严肃地对他们讲："信访局建大楼与我的房子装修没有关系，同步进行就要同步坐牢。"

该负责人一听这话就火了："张局长你这说的是什么话？以前就听说，你这人没上过学，没文化，说话太伤人。"张云泉笑着说："是的，我没上过学，但这与我家的装潢好像没什么关系。你们的好意我谢谢了，但我不和你们同步进行。"

张云泉没有与他们"同步进行"，而是找了一个苏南的装潢公司装修自己的房子，但看那几个师傅都很本分，且都是从农村来的，谈好价格后，就交给承包人，自己和儿子则当起了下手。

有一次，家里要上黄沙，张云泉的儿子一时没借到手推车，途经信访局大楼工地时，见有几辆手推车正闲置在工地上。于是他便向工地上的工人借了一辆往回推，打算回家拉一下黄沙。中途正巧被张云泉看到了，他立马把儿子叫住了，责令他把车立即往回拉还给工地。儿子当时感到非常委屈，但他深知爸爸的性格，就算是想不通但他让我这么做肯定是有道理的。由此，儿子满腹狐疑地把车还了。中午回到家中，张云泉与儿子用肩膀扛着把黄沙弄上楼。张云泉对儿子解释说："因为你是信访局长的儿子，所以你不能到信访局工地上去借车子，尽管你没拿公家的东西，但人家容易产生误解，到头来你到底有没有拉公家的东西回家，也许就成了一个议论的话题了。"

儿子听了后不觉有些后悔，听完直点头称是。

期间，承包信访局大楼建设的工头多次想给张云泉送"礼"，皆被张云泉"挡"了道。每一次检查施工质量，张云泉绝不含糊。

果然不出张云泉所料，两年后，新区其他工程腐败案牵出了负责建设信访局大楼负责人贪污事件东窗事发，当初的承包人及该单位负责人还有基建办主任，因承建大楼工程收贿和其他经济问题被查出来，起初一个人被"双规"，接着咬出好几个都进去了! 这时有人说：张云泉当初讲的公私不可同步进行，同步进行就要同步坐牢变成现实，全"同步"了! 结果都去坐牢了。

在该单位负责人等人接受有关方面调查之后，社会上流言蜚语很多。有人说，信访局大楼出了问题，信访局长、信访局的一些人肯定脱离不了干系。张云泉听到后，立即对信访局的同志们讲："不管人家怎么说，身正不怕影子斜，大家安心工作，从我开始不用去解释，不要浪费时间，抓紧为群众处理信访问题，到了判决的那天人们也就什么都清楚了。"当地电视台播发法院对此案的宣判后，不但澄清了谣言，一些同事还百感交集地说："到现在我们终于明白了张局长的良苦用心，他不让我们大家涉及到大楼工程方面的事情，其实这是对我们大家的爱护呀! 能在张云泉手下工作是我们的福气，不但使我们学到了很多可贵的东西，而且受到了很好的保护。尽管和他一起工作没捞到外快，但我们没有一人因此而误入歧途。因此，我们每天尽管工作辛苦，但心里踏踏实实，不用因为腐败而成天担惊受怕，日子过得很实在。这才是幸福指数！"

其实，当时的泰州，到处都在建新楼，资金缺口较大，新的市政府刚刚组建，哪来的钱！穷日子应该穷过，这是起码的规矩，那些伸手的人，不顾全大局事小，什么钱都敢拿，那就不是一个性质了，不进去才怪。陋巷箪瓢中人，你还去剥夺三层皮，你身进牢狱，就是必然。还指望老百姓来为你唱颂歌吗！

有人有了一点权、有点钱了，就了不得了，动不动就去比吕不韦，一高兴便拉出什么"逍遥派"，殊不知历史长河中真正的逍遥派没几个，老、庄、竹林七贤而已，吕不韦的确也是个历史人物，到最后还不是落得个被杀、被抛的结局，数千年的国史，更没有把他当成什么宝。而逍遥一派，其实根子上一点也不逍遥，个个都是通过苦学才知名的饱学之士、文化大师、道德之祖。

→ 只求问心无愧

★★★★★

张云泉的工作能力得到了国家有关方面的肯定，张云泉曾经多次被请去北京参加重大节日的维稳任务，每一次他都做到了尽心尽职，并因此得到了有关方面的高度评价。

张云泉的忘身忘家，换来了上下一致的好评，可以说有口皆碑。

"筐"里装什么

孙勤的丈夫因患癌症去世后，她一个人拉扯着儿子王晖艰难生活。乖巧的儿子考取了大学，她又喜又忧。喜的是儿子考上了大学，忧的是4730元的学费没有着落。自己在一家困难企业上班，月工资仅有285元，还不能按时拿到。

眼看着报名时间日渐临近，万般无奈的孙勤慕名到信访局找到了张云泉，还没有述说就哭昏了过去，醒来后，继续述说四处借凑学费的过程时又昏了过去。张云泉看在眼里急在心上。他和同事一起把孙勤救醒过来当即说：“你不要急，不要哭，学费我来想办法。”

张云泉的一句“学费我来想办法”，让孙勤顿觉她找对了地方，找到了靠山。

张云泉带头为她捐钱，并找了一个乐于助人的老板赞助，帮助她母子渡过难关。

懂事的王晖把张云泉及信访局的干部们胜似亲人的关爱记在心头。入学后，无私为同学们服务，当上了班干部。同时他发奋学习，以优异的成绩获得了最高奖学金。

孝顺的王晖深知母亲一个人在家为供他上学所受的苦，在知道母亲下岗后，经过激烈的思想斗争，咬牙给张云泉写了封求助信。张云泉又托人帮孙勤找了份看自行车的工作，路过时还常常去问问情况，激励她鼓起生活的勇气。

曾经有一段时期，王晖因不愿意让母亲为他上学承受困苦，思想情绪波动，学习成绩下降，甚至产生辍学打工的念头。张云泉知道后立即与王晖联系，做他的思想工作，让他一定要好好安心读书，学好本领，将来好做个对国家有用的人。同时又给了王晖在校的生活费。王晖表示：决不辜负张云泉的殷切期望，以优异的学习成绩完成学业。

每年的寒暑两个假期，张云泉总要把王晖叫过去问寒问暖。每次总要从自己微薄的收入中资助他一些学费，并交代说如果不够就要，总会有办法的。

小伙子抑制不住内心的感激之情，经常给张云泉写信。其中一封信上这样写道：“当今人与人的利益关系越来越复杂，想让一个素不相识的人关心你，是不可能的，更谈不上帮助你。而您张局长却做到了，这不是在课本里学到的人民公仆的形象吗！"另一封信里写道：张局长，您是一位可敬之人！

每当看到小王晖从千里之外的一封封充满真情的来信，张云泉也很感动、很欣慰。张云泉支助王晖完成了学业，并鼓励他上进。王晖在校期间，他由过去对党怀疑到从张云泉的身上看到党员的亮点，自己也写了入党申请书，成为学生干部，积极要求进步，光荣地加入了中国共产党。

王晖现在广州工作，多年来，一直与张云泉保持联系，每到逢年过节，都要打电话、发短信向恩人张云泉问好。他工作出色并且也在力所能及地帮助别人，他已经把张云泉当成了自己人生学习的榜样！

类似于王晖的受助学生还有许多，像泰州职业技术学院的吉梅、李丹丹，苏州大学的张月娥等，但张云泉从不张扬，不求回报。张云泉说："我从来不记曾经帮助过多少人，信访局是个"筐"，什么事都往里装。我心里惦记的是还有多少人需要我去帮助。我的能力有限，能帮几个算几个。"

给穷朋友送礼

逢年过节，特别是春节，张云泉总要备上好多礼品，且多根据岁时节令，准备适合的礼品。虽然张云泉准备的礼品的经济价值有限，但也用去他不少的工资收入。张云泉不是大老板，也不是暴发户，他只能从自己有限的工资中抽出钱来，买实用的礼品。春节时，买些酒、糖果、中国结、油、米等；端午节时买粽子；中秋节买月饼；重阳节买糕；清明节买些鲜花；腊八节买些精制的腊八粥……这些礼品，听起来用不了多少钱，张云泉也不会去买那些貌似华丽实质粗糙的食品，可张云泉一买就是十多份，有时候多到几十份。因为张云泉有一帮穷"亲戚"，一帮跟他并不是真正亲戚关系的"亲朋好友"。这些人或人家，多是张云泉担任信访局长之后认识的，是得到张云泉"恩顾"过的落难之人、贫寒之人、鳏寡孤独之人。多年来，张云泉总是放心不下他们，只要有时间，即使自己家经济也困难，总还得想法子给那帮"穷亲戚"送礼。张云泉说："别看一点点的礼品，他们会感觉在接受党恩。"

有时候，张云泉被有关单位请去做报告了，不在家，张云泉便请妻子"代劳"，甚至让妻子请回"女儿"（张云泉认的上访养女），一同去送，每当此时，是其养女最幸福的时刻，因为她觉得自己也在献爱心了。

张云泉的爱人风趣地说：他不在家时，这些全都由我"包干到户"。

真的好想你

残疾人殷伟家，是张云泉不敢"大意"的特殊户。殷伟家住在二楼，阳台上挂满了成人尿布。1989 年，身强力壮又有一技之长的殷伟，响应国家号召，随市第一建筑公司援外去了科威特。然而不幸的是，在一次施工事故中，从五楼摔下，跌成重伤，下半身瘫痪，成了整天与轮椅为伴的残疾人。

殷伟是家中顶梁柱，他的残疾给全家带来了巨大的打击和伤害。本就不富裕的家，为了给殷伟治病花光了所有积蓄且负债累累。因为是涉外事故，再加上个别干部的官僚作风，致使殷伟的巨额医疗费、工伤事故认定等迟迟得不到解决。九年了，殷伟想过死，妻子想携子离去……

腊月二十七，殷伟在好心人的指点之下，抱着试试看的态度来信访局找到了张云泉。他向张云泉递交了书面材料，诉说不幸遭遇。张云泉听罢按捺不住了，眼圈发红，双眉紧皱。他万分同情殷伟全家的苦难，但更明白此事难办，恐怕又要开罪一些人。张云泉思考片刻，握着殷伟的手讲："兄弟你放心地回去吧，这事就交给我了，我一定要给你个说法。"殷伟求诉多年，哪听过这么温馨的话，哪见过这么亲切的领导干部呀！就想给张云泉磕头，被张云泉扶起。

张云泉从口袋里掏出两百元钱，硬是塞到了殷伟手里，并说：拿着，回家办点年货吧。

殷伟不肯收钱，不停地流泪。

张云泉深情地抚摸着殷伟的头说："你就兄弟一个，我比你年长，我认你这穷兄弟，你就叫我大哥吧，这样你该拿了吧。"

殷伟哽咽着挥别了张云泉，回到家中，他和妻子都感动得连说：终于遇上好人了！

第二天一大早，张云泉居然骑着自行车上门来了，送来了油、米、水果等物。自那以后，张云泉就像亲大哥一样，逢年过节总要上门探望、送礼。

1999 年 6 月，在张云泉的奔波与协调下，殷伟企盼已久的工伤鉴定手续终于办好了，相关问题也得到了圆满的解决。

屋漏偏逢连阴雨，殷伟家住的地方正赶上修路拆迁，有人把他们一家安排在连轮椅都难转弯的仅二十平米的小安置房内，令大小便失常、行动不便的殷伟简直无法生活，儿子又大了，怎么住得下？无可奈何的殷伟咬咬牙再次找张云泉。张云泉又四处奔走，多方协调，功夫不负有心人，殷伟家终于拿到了位于黄金地段的一套120平方米的大房子，令殷伟做梦也没想到。殷伟不知道，为了他家的安居，张云泉受了不少的气。

2005年3月3日，殷伟特地做了一面锦旗送到信访局，上书"心系困难群众、关爱弱势群体"。

2010年8月，张云泉在应邀出席省残疾人维权工作会议时，仍不失时机地向有关领导反映殷伟的实际问题。

殷伟得到了安置，生活之忧解决了，老婆也不走了，孩子已长大成人。最为可贵的是，殷伟的孩子也常常参加到张云泉助贫助困的队伍里，张云泉的"爱心车队"越拉越长。

现在，坐着轮椅的殷伟最喜欢听的一首歌是《真的好想你》，听着听着就会不知不觉地泪流满面："我最喜欢听《真的好想你》这首歌，听着听着就想到了张局长，晚上经常在梦中喊着张局长！"

《中国新闻报》2005年5月18日D2版载：真没想到，轮椅上的殷伟住在这么宽敞的屋里，看着他在房间内灵活移动轮椅，真让人感到高兴，我突然加深了对和谐社会的理解。

这真是：忘身忘家不忘民，有口皆碑天地宽。

→ 感天动地

★★★★★

就当我多养了一个儿子

徐宇出生在美丽的凑潼湖畔，有着幸福的童年和少年生活。然而，天有不测风云。1999 年，徐宇正在市职业学校就读市场营销专业，他的父亲因肝癌医治无效去世。三个月后的一天，徐宇的妈妈又摔成了高位截瘫，真是祸不单行，二十岁的独生子女面对这接二连三的遭遇别无选择，不得不辍学回家照顾卧床不起的母亲。这些还不算，还有更伤心的事。

徐宇母亲摔伤的原因是因为村里一个私营企业老板邹某与村委会为方便该私营企业运行，违法私挖防洪堤坝，导致徐宇的母亲下地干活骑自行车路过此堤坝时跌落，摔成了高位截瘫。徐宇母亲摔伤前，已有六人因此坠落受伤，却无人敢去将缺口补起来。

走投无路的徐宇被逼含恨走上了漫漫诉讼之

路。常言道：有理走遍天下，无理寸步难行。数月后的一天，徐宇终于等到了渴求已久的判决书。判决书判明：被告人邹某与村委会共同赔偿徐宇人民币九万三千元。徐宇激动得大哭了一场，对着被病痛折磨得奄奄一息的母亲说：妈妈，这下有救了！

怀揣着一腔梦想和希望，徐宇拿着法院的判决书去找对方，徐宇万万没有想到的是，他们不但不给钱，还强行撵他走。情急之下，徐宇回家把妈妈用板车拉到了周某厂里，找了一间又脏又乱的空房子住了下来，没有床，他就用稻草打地铺。耗了一个多月，一分钱也没有要到。徐宇的妈妈因停药时间太长，又住在那阴暗潮湿的地上，徐宇的母亲就这样因无钱与无情被病痛活活折磨得含恨而死。期间，徐宇多少次拿着判决书到法院请求强制执行，却无济于事。

处理好妈妈的丧葬后事，徐宇说他太累了，当时最大的奢望就是好好地睡一觉。家庭的不幸，特别是母亲的屈死、世态之炎凉，对年轻的徐宇真的打击太大了。他没有了当初为救出母亲讨还公道的激情，没有了生活的信心与勇气。他整天浑浑噩噩，甚至想以死来解脱自己。甚至，想要去报复那些无情无义的混蛋。十几年飘蓬断梗的生活使他厌倦，身疲心累。他想要安定无忧的生活，他需要融进社会不被人冷落，这是正常的心愿啊，不过分啊。可就是有人不给，还有那么多人带着有色镜看他，亲朋们远离他们，他当然心生怨气。走投无路的情况下，铤而走险，要向社会讨个说法。就在徐宇准备铤而走险的时候，一位好心人——第八中学的黄老师，给他点明了生路。黄老师对他说：在泰州市信访局有一位为老百姓做主讲话的好官，人称"张青天"的张云泉局长，老百姓都称赞他是个好干部，在电视里面也经常能看到，你去找找看，应该能给你解决问题。

　　心灰意冷的徐宇并没有把黄老师的话当回事，因为他根本就不相信现在还有这样的好干部。直到第二次黄老师再次催促时，他才决定去找张云泉试试看。

　　2003 年冬天的一天，穿着单薄、又黑又瘦的徐宇来到了泰州市信访局。在信访局大门口，徐宇碰到一位穿着普普通通黑色衣服的人，他小心地上前询问张局长在不在。那人慈祥地看着徐宇说："我就是张云泉，你找我有什么事情？"徐宇很是惊讶！自己原本以为是门卫朴素慈祥的看传达室的人就是大名鼎鼎的张云泉！

　　张云泉很和气地把徐宇领到了自己的办公室，亲自给他倒洗脸水、沏茶，让徐宇坐下慢慢说，张云泉耐心听其讲述。这一细微的举动，却让徐宇感动得热泪盈眶。徐宇后来对记者说，他为讨公道走了多少机关单位，找了多少干部，遭受了不知多少白眼甚至蛮横粗暴的驱逐，张局长不一样，真的不一样。心想就是要不到一分钱，能遇上这样的好干部也就满足了。

　　听完徐宇的诉说，看完徐宇提供的材料。张云泉再也按捺不住了，他义愤填膺地怒骂：这哪是人民的干部干出的事，简直是一班麻木不仁的混账东西。张云泉当即在徐宇的上访材料上作出了"马上就办"的批示，并给三个有关单位下了协办指令。他劝慰徐宇说："你放心吧，我一定亲自过问此事，还你一个公道。

请你相信党和政府，世上还是好人多，党和政府是好的，大多数政府干部都是好的。"

张云泉见徐宇衣着单薄，一副饥寒交迫的样子，他很心疼。他领着徐宇到楼下吃了碗冒着热气的面条，还特意让服务员多加一只煎鸡蛋、一勺炒肉丝。又给徐宇买了方便面、橘子、饼干、新衣服，另外还从口袋子里掏出了二百元钱给徐宇。徐宇感动得要给张云泉下跪，被张云泉拦住了。他深情地对徐宇说："我就一个儿子，就当是我多生了个二小（方言小儿子）吧！"还给了一张自己的名片，让徐宇有事就找他。数个举动、一席话焐热了徐宇冰冻已久的心，他心底燃起了新的希望。

徐宇回去后不到一个月，就有法院的干部登门来找他谈赔偿的事，村里也成立了协调小组。他们再也不像以前那么凶狠了。就这样，在不到半年时间内，徐宇分两次拿到了全部的赔偿款。在此期间，徐宇共去了六次张云泉处，每次张云泉都买些东西和给他钱。

事后徐宇才从信访局及其他方面了解到，张云泉为了他的事跑了很多路，找了很多人，也因此得罪了很多人。一次，张云泉亲自去找邹某那个土霸王，跟他协商解决徐宇的事，要求他履行法院的判决。谁知那家伙正在工地上监工，硬是横竖不买账，还出言威胁张云泉。张云泉吼了起来："如果你敢不给这'血钱'，还敢对我动手，我一定会正当防卫，借这个机会为民除害！"真是横的怕不要命的，那家伙见情况不妙只好服软了。

为了感激张云泉，一开始，徐宇想过要给张云泉送礼，可家徒四壁的他实在没法子买东西送礼。睡到半夜里，他突然想起，家里过年都要做炒米糖，于是从床上起来，连夜做了两斤炒米糖，第二天一早，送给了张云泉。张云泉尝了一块，他拿着糖走到办公室里对同志们说："这是最贵重的礼物。这虽然是最土的炒米糖，但胜过世界名牌的巧克力！因为巧克力是甜在嘴里，而百姓亲手做的糖是甜在心上！"说着张云泉又掏出二百元钱，叫徐宇回家过年。

此后，徐宇为了谋生去了上海打工，一度与张云泉失去了联系。按道理这个事就结束了，但过了些时日，张云泉仍然关心的是：徐宇因母亲的事已经辍学了，现在既没有父亲又没有母亲了，他怎么生活？那么小的年纪一个人上哪儿去了？于是，他四处打听。因为徐宇没有手机，无法联系。后来经反复打听，得知徐宇为了谋生，已经在上海的某高层建筑施工楼房上扛水泥。

张云泉知道了以后心就像被针戳了一下，眼前浮现出的是徐宇上访时的那个矮小瘦弱的身影在高层建筑上扛水泥的情景。当时张云泉就说："不要说一个瘦小的青年，就是我们大人在高层建筑上扛一包水泥，也会吃不消。而且在高空身体瘦弱的人容易眩晕。在悬空的、几十层高的、还没有建好的高空的框架结构楼层上扛水泥，是很危险的，万一头晕从上面摔下来，一条生命又将结束了。"

张云泉想起徐宇曾经告知，他的父母亲去世之前，都曾眼睛盯着他反复说："儿啊，我们走了以后你怎么活？"当时张云泉就想：他的父母已经早逝，不能再让这个唯一的儿子遭遇危险和不幸。一定要让他的父母在九泉之下安心。要让他活得好，活得让父母在天之灵放心！张云泉又经多方打听，终于请人从上海工地上把徐宇找回来了，市领导知道这一情况非常关心，把徐宇安排到市郊区一家当时效益较好的私营工厂工作。

2005 年，张云泉了解到，徐宇谈了个女朋友，在苏南一家服装厂上班，是徐宇的老乡，但她因为珍惜那份收入不错的工作，不肯到徐宇所在的苏北来。张云泉当时想：凭徐宇的力量哪一天才能让苏南的女朋友到苏北来工作呢？其他的青年有父母为他们张罗婚事，帮他们操心，徐宇没有了父母。

张云泉又找到徐宇所在厂的老板，向老板再三恳求，请求老板把徐宇的女朋友也一起安排到厂里工作。使两个年轻人在同厂一起劳动，过幸福生活。老板被张云泉的精神所感动，同意了。徐宇结婚时，张云泉以长者的身份准备了贺钱，并对徐宇说："以后你有什么困难就告诉我，你的父母离开人世之前一直担心他们离开了你怎么过。所以我一定要让你的父母在九泉之下瞑目、放心。你就把我当你的父亲，我要给你父爱，有什么话尽管跟我说。"

后来，徐宇告诉张云泉，自己结婚儿年了，一直没有小孩子，张云泉又与有关方面的专家联系，请他们帮助治疗不孕症的问题，2011 年 10 月，徐宇终于得子，而且是龙凤胎。张云泉开始张罗为徐宇的孩子办满月酒。2011 年 10 月某日的一个晚上，张云泉到徐宇所在地的农村商业银行做报告，本来坐在大会主席台上的张云泉离开讲台，站到一边，对在场的数百名银行干部和职工鞠躬，大声说："大家如果有时间，到时一定来参加徐宇家的满月酒啊，我请客。"顿时掌声雷动，经久不息。坐在台下的几个记者，当场流出了激动的眼泪，转眼再视，全场少有不流泪的，这是幸福的泪！是感动的泪啊！

《中国新闻报》2005年5月18日D2版载：在上海建筑工地打工的徐宇被通知来泰州接受采访后，就一个劲儿地打电话询问起程的日子，实在等不及了，提前赶到泰州。

中央电视台《面对面》栏目曾做过一期专访张云泉的节目。

王志：他找到你的时候，你觉得他是抱有希望的吗？

张云泉：当时我看到他浑身发抖，就穿了两件衣服，我说天那么冷，你的棉袄呢？他说，棉袄没了。说完"没了"就哭起来了。我说出什么事了，他就把刚才那个情况告诉我。我跟他讲，你那个地方的法院判的案子不属于我信访局处理。我这么一讲，徐宇就跪下来了：那我就没地方跑了，就只有死路一条了。我听了以后，很舍不得他。一个二十岁的小伙子，如果他是我的儿子，能冬天冻得这么发抖么？

王志：没有解决，也不是你的错啊。

张云泉：没有一个是信访局的错误，哪个说是信访局搞错了的啊。客观地讲，无论是农村最基层的党员干部当中，还是在机关党员干部中，还存在着少数推诿扯皮、好事抢着做、难事互相推，以及没有好处不干事的现象。我认为这些问题不应该回避它，这是目前党员干部队伍中确实存在的一些问题，只不过是极少数罢了。信访问题的产生，就与这极少数人的工作作风有关系。上访，我认为是群众向我们发出的最后的呼唤。如果我们再推诿扯皮，那推到哪儿去啊？所以我们就得去处理，去协调，去干。

2011年11月1日，张云泉约来了好几处的朋友，一起去溱潼，去为徐宇喜得龙凤胎做满月酒。

听说张云泉来到了溱潼主办徐宇孩子的满月酒，当地领导纷纷前往祝贺。

▽ 张云泉跟记者们说：那就跟我们照一张全家福吧。

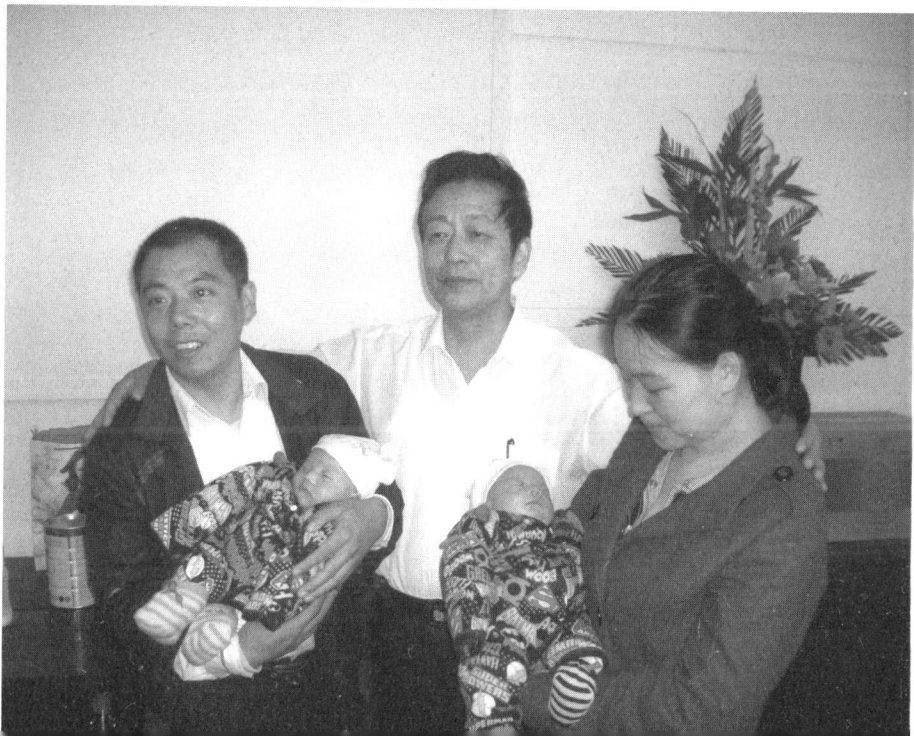

张云泉面对众多的"亲朋"，大声说："徐宇终于有了自己的孩子，而且是龙凤胎，我听说溱潼这边出龙凤胎是少见的，六十几年了，才出了这一对，感谢大家来祝贺他们。我虽不是富翁，但今天的酒席钱我来出，这是我跟徐宇早就说好了的，他们这对夫妻不容易，为了治不育症，花去了不少钱，这次住院生孩子，加之孩子生病又增加了负担，所以，满月酒的钱我来出，算是贺礼吧。"

徐宇又一次哭了，但这一次不是悲伤，他流的是喜悦之泪、感激之泪。八年的努力没有白费，徐宇终于有孩子了。当徐宇在第一时间把这一激动人心的消息发短信告知张云泉时，张云泉正在井冈山干部学院讲课，张云泉激动得情绪有些"失控"，跟厅级干部"聊"起了他跟徐宇及徐宇一家的故事。课间休息，大家围住张云泉，张云泉邀请大家去看看泰州贯彻科学发展观出现的美丽景色和和谐新局面，也去看看我的干儿子生的双胞胎。很多人甚至流下了感动的热泪。有的学员主动纷纷要掏钱赞助，张云泉拒绝了，他笑着说：大家的心意我收下了，我相信你们以后也会碰上有困难的群众，你们把这份钱送给他们去，就当是我张云泉也捐了款，好吗！

溱潼镇上的企业家苏中砂轮厂的吴苏海听说了张云泉帮徐宇的事后，主动前来祝贺。当地的曾书记等干部都来"出份子"，张云泉非常高兴，他说："我们的干部和企业家们就是有爱心，还是那句话，一方有难，八方支援，再大的困难都会克服，我替我"儿子"徐宇谢谢大家。请大家尽兴，吃好喝好啊，徐宇，你们小两口子给大家多敬酒。"

共产党万岁

十几年前，泰州市某企业驻外人员发生意外事故，一下子死了好几个人。死者家属一百多人集中在一处，本来失去亲人就很伤心，加之又在外地，与事发地和责任单位在处理后事和赔偿等问题上发生了激烈的争执，激化了矛盾，加大了处理问题的难度。悲痛之中，有的人失去理智，少数家属想要去北京制造轰动效应发泄心中悲愤。张云泉受命到外地协助有关部门和责任单位处理此事和促进问题尽快解决。一到现场，老人、小孩们便抱住张云泉痛哭，眼泪鼻涕糊了他一身，他却顾不上这些，自己擦了擦。接下来，张云泉反复做多位死者家属的思想工作，奔波在几个医院看望受伤人员和遭此打击而病倒在医院的家属，同时还要与当地政府及相关单位沟通，连续七天七夜在一线协调，有时只能在下半夜躺在沙发上打个盹。有时刚闭上眼，隔壁房间又传出死者家属的哭声，他就又要去劝慰，有时刚躺下，医院又来电话，说某一名重伤的危重病人要他去……最后他累得差点儿昏倒。

看到张云泉没日没夜地工作，责任单位和各方单位及死者家属终于被感动，各自放宽了处理要求，达成处理协议，结果，不仅无一人去北京上访闹事，而且，张云泉把一百多名奔丧家属从千里之外平安带回了泰州。

事情结束后，按理说，张云泉可以不再过问这件事，但他还是对个中特别困难的几家的生活不放心，特别是其中的一户叫李庆余的老人，唯一的儿子死后，新婚不久的儿媳又离开了他们，老两口的孤苦可想而知。

有一天，老妈妈在阳台上长时间地眺望儿子生前工作的单位，因为悲伤昏倒在阳台上并跌断了手臂。贫困交加的他们又跟几家联合起来去单位哭闹，既干扰了企业的工作秩序，又影响了所在地的社会稳定。一直关注这批人的张云泉知道情况后立即做出一项决定，逢年过节，信访局的同志们要分头去走访这些困难户，要把党和政府的温暖送到他们这些人的家中去，要帮他们解决实际困难。张云泉则主动来到了李庆余家。

因为李家独子死后，老两口一直沉浸在极度悲痛中，经常哭得发疯似的在社会上闹事。张云泉为此找过社区等多个单位，大家都说因为是老人想儿子哭闹没办法。张云泉深入到他们家里反复交谈，终于弄清了老两口经常突然从家里奔走出去哭喊的原因：李老家挂有他儿子结婚的彩照，他们一见到照片就伤心，别人刚劝解稳定的情绪又神志失常，从而发生一系列不安宁的事……张云泉考虑到李庆余老两口住在原地不是个办法，睹物伤情是难免的，他把李庆余老人的户口从农村迁入市区，纳入最低生活保障，解决了李庆余担心晚年生活的后顾之忧。为使老两口尽快从痛苦中解脱出来，当他了解到李老有喜欢做生意的爱好时，张云泉就自己掏钱想法子帮他们在市区开了一家小商店，让老两口就住在小店里，让他们有事可做，既增加了收入，也转移了老两口的注意力，减轻了在家看到照片更思儿的痛苦。现在，老两口的身体明显健朗起来，情绪也好多了，一看到信访局的人去了，就对旁人说："恩人"来了。老人还在他的商店的上方写了五个大红字：共产党万岁。李庆余从一位坚决要去北

△ 张云泉等陪省里的同志一起看望李庆余

京闹事者变为手书共产党万岁的人，完全因为张云泉的工作做到了家，使上访人从内心说：闹事对不起共产党。

李庆余对记者说："我思前想后，要找个法子感谢张局长，但知道他不抽烟不喝酒，送别的东西，也不知他家在哪儿。他总说自己是党教育和培养的，我就给教育和培养他的共产党扬扬名吧！"

张云泉多次对老李说："老李，你长我两岁，今后您就算是我的兄长，我们像走亲戚一样经常来往。"张云泉并不只是说在嘴上，逢年过节都要去看望老李，老李夫妇也经常来看望张云泉一家。谈到这些，老李逢人就讲，张云泉是绝对的好官、好人，就拿他对待我们的态度及做法来说，很真，很纯，有些东西，是装不出来的，老李夫妇泣下沾襟："有了张云泉这样的兄弟，我们不再孤独，他呀，是我们的主心骨。"老李的夫人懂点诗词，她昂首咏叹，有道是：凄风苦雨莫心慌，救苦救难有菩萨，张局长真乃活菩萨。

张云泉说："我一直要求自己向雷锋看齐，以雷锋精神规范自己的行为。我是一名受党教育数十年的老党员了，我所做的一切，都可以说是在维护党的形象；我是国家公务员，我当然要为国家做事。我最大的满足，就是让群众从我们身上看到共产党好。"

张云泉与"两个女儿"

《人民日报》2005年4月7日第一版：张云泉的"女儿"方小娟要结婚了! 这一消息不胫而走，轰动泰州。一场婚礼如何这般为人津津乐道? 是因为爱情的轰轰烈烈，还是因为新娘的倾国倾城?

方小娟4岁时，父亲突发脑溢血身亡，母亲不堪重击，得了偏执性精神病，一口咬定丈夫是被人谋害而死。从1986年开始，母亲带着她辗转上访，要求"伸冤"，让年幼的方小娟落下一身病，性格也变得冷漠了。

1996年10月，得知方小娟母女回乡，张云泉赶到她家。方小娟听人说抓她来了，立即把住大门，一双大眼充满敌意。张云泉刚喊了她一声，她就唤出一条黑狗扑上来。胆大心细的张云泉喝住黑狗，走进屋里，默默地收拾如一盘散沙的锅碗瓢盆、桌椅板凳。

精诚所至，金石为开。这个随母亲上访多年、被多次收容遣送的"野丫头"被深深地触动了，她慢慢地走近张云泉，开始了人生新的征程! 从此，张云泉带她和她的母亲去看病，并认她作了干女儿，安排她上学，送她进电脑班，让她学插花，现在她已成为泰州市区一个花店的插花师。在去年农历腊月二十举行的婚礼上，不善言辞的方小娟当着亲朋好友的面，含着眼泪说："没有我干爸、干妈，就没有我的今天！"

《中国新闻报》2005年5月18日D2版《新闻实践》2005年第6期载：方小娟第一个发言，可没说两句，就哽咽得说不下去；殷伟坐在轮椅上边说边流下男儿泪；朱兰老人泣不成声，工作人员担心她身体吃不消，要扶她去休息，但她硬是不走。徜徉在眼泪的海洋，真应了张云泉所说："多好的百姓啊，我只做了分内的事，他们却视为大恩大德，我还有什么理由不好好工作呢！"

故事里面还有故事。一位专拍上访镜头的别有用心者暗地里跟踪了小美母女八年，拍摄了她在北京与患病母亲一起上访的镜头，拍成电影。电影当中不承认她的母亲是精神病人，把病人的胡言乱语说成是事实的真相，肆意歪曲渲染，把小美随患病母亲上访的事情说成是中国人权民主得不到保证的案例，欺骗世界上许多不明真相的观众，并且引起了一些善良人士的同情与关注。而这个"主角"却不知不觉。

"小美"就是方小娟。

现在的"小美"已经是有一个六岁的小男孩的母亲了，家里住上了独体的三层小别墅，自己买了小汽车。

车子买回来的那天晚上，尽管天已经黑了，她的驾驶技术也是初学，但是抑制不住内心的激动，把车开到她的张爸爸家门口。到了楼下激动得大喊："爸爸你快来看，我和爱人买了小汽车啦！"

张云泉问："买的什么牌子？"

"小美"回答："小汽车的品牌多得不得了，但是我还是买了中华牌的。因为中华代表我们国家，我买这个车，就是向爸爸学习，爱我中华，爱我的家，爱您这位好爸爸。"说着说着，她抑制不住内心的那份激动，大声地说："爸爸、爸爸，您快坐上我的车，我要开车拉您出去兜风……"

张云泉对"小美"说："打个电话给当初拍了你八年上访镜头的那个辽宁人，通知他过来，就说我请他过来，我愿意对他以礼相待，陪他喝酒。给他提供一切拍摄的便利条件，不需要他偷偷摸摸地拍了，而是大胆地拍，光明磊落地拍，拍摄一个流浪的穷孩子在共产党的关心下，从过去连一件好衣服都没穿，变成了买上了自己心爱的小汽车，和西方世界的小青年同样毫不逊色地开车兜风。你叫他来拍，让你再上国际电影节。我支持他拍，请他去放。你过去穿的是破衣烂衫，现在让你穿得漂漂亮亮的，再到国际电影节上去放，让西方'人权卫士'们看看，当初的流浪小姑娘如今是一个幸福的年轻妇女正开着漂亮的小汽车，不比西方妇女过得差，让你做现实当中真实生活的演员、明星。"

中央电视台《面对面》栏目。

王志：把方小娟领回家，你家里你说了算？

张云泉：这些事我说了算。

王志：家里人没有意见？

张云泉：说一点意见没有那是不现实的。当时我家属和儿子也讲，这个小孩长期流浪在外面，身上脏兮兮的，带到我们家里来怎么弄？我们讲话她又不听，万一再在我们家里惹出事来，那可不得了。家里人都认为这是个野孩子。浪迹在外十一年，受社会上一些不良习气影响，更主要的是她的性格有些扭曲。

王志：她一开始就接受你吗？

张云泉：不接受。怎么能接受？我到她家去的时候，她都不愿意跟我讲话，性格很野的。她和正常家庭十来岁的少女性格是很不一样的，她对我们有一种对立的情绪。

王志：但是在这件事里面，作为一位信访干部来说，你做了50%，大家就会认为你是一个很好的信访干部。而很多事大家认为不应该是你信访干部管的事……

张云泉：我感到这还是出于做人的良心吧。有些问题既不属于法律管理范畴，又不属于政策管理范畴，但是它又是个事，别人没有发现，或推诿扯皮。大家都推了怎么得了呢？所以我去做了。

《中国报告文学》特约作家问张云泉：看来还是责任，责任重于泰山啊！都说你还有一个女儿，怎么回事？

张云泉说：我只有一个儿子，可我还有两个"女儿"，一位方小娟，另一位是宗小梅，是泰州郊区的一家农户的女儿，母亲带着她和弟弟，生活十分困难，经常到政府上访。

张云泉多次上门去看望他们，并给他们送去钱、物，与有关方面协调解决他们的基本生活费。宗小梅初中毕业被迫停学，她十分伤心，张云泉像对待自己的孩子一样送她去学电脑打字，读函授高中，还自己掏钱，又请大家帮忙，为她开了一家电脑打印服务部，小姑娘开心得不得了，她对张云泉说："您是世界上最好的爸爸。"

张云泉虽然不善于写文章，却如文章老手、波澜老成，而其为民请命的率性，恰恰是那片土地所赋予的特殊地利，瑞如天定，和音铿锵。其为民排难、解民之忧的做法有些"老土"，却土得可意，土得明快，土得坚毅，土得热切! 听到或读到他事迹的人总能圭表拨冗，举发爽然，豁然之余，感慨万千，好一个痛

▽ 张云泉和养女方小娟一家合影

快淋漓!

亲吻死亡小孩

2006年的五一长假，张云泉和家人正要回家乡去看望年事已高的父母，值班室突然打来了电话，说一个小男孩掉进某建筑工地的水塘里淹死了，由于施工单位和当地乡镇不在一个行政区划内，互相推诿，使得事态闹大，两百多名农民要把小孩的尸体抬到政府门前闹事。小孩的父亲兄弟三人，另外两个兄弟生的都是女孩，只有这一户生了男孩，又出了这样的惨剧，亲友、本家情绪异常激动。

张云泉二话没说，立即取消了家乡之行，赶到现场。可无论张云泉如何做工作，他们还是要把小孩的尸体运到政府去讨个说法。张云泉问他们有什么要求，他们提出，如果张云泉能按当地习俗把淹死的小孩抱到他们指定的地方，他们就不把小孩抱到政府门口。当地的干部极力劝阻张云泉，不能去抱小孩的尸体，因为这是当地最不吉利的事情，并说："你不是本地人，不懂这儿的风俗，死小孩的尸体你是坚决不能抱的，抱了要倒大霉的，建议你多调警察来强行阻拦他们。"

张云泉却认为，小孩被淹死的原因是工地的包工头施工时未拉安全网，造成小孩到工地玩耍掉在水塘里淹死。张云泉想：人家死了人本来就伤心，再调大批干警来压服，问题得不到解决，还会发生警民冲突，事态升级。他果断答应了死者家属提出的要求，毫不顾及个人的吉利不吉利，迅速走到小孩身边，俯下身子，小心地擦拭小孩的嘴角和鼻子里被呛的淤泥，把小孩抱在怀里。看到小孩紧闭的双眼和漂亮的小酒窝，张云泉心里非常难过，恨自己没有本事让小孩恢复呼吸，他情不自禁地亲亲小孩的额头和脸蛋，把小孩的脸紧贴在自己的脸上，张云泉的泪花掉在了小孩的脸上。

这时的人群里没有一个人再骂共产党了，没有人再发誓要和政府干仗，只听到一片哭泣声……小孩的家长、亲友及在场的群众无不感动，他们做梦也没想到张云泉局长会这么做。两百多人的叫骂声、哭泣声顿时停了下来。小孩的父母一下子跪在了张云泉的面前哭着说：一个共产党的局长，亲吻了我家死去伢儿的脸，做到了我们家亲戚都没做到的事，我们这口气也咽得下去了，你把小孩放下吧，我们不去政府上访了。但张云泉不敢放下，担心仍然有人要把尸体抱到政府去。这时候小孩的其他亲戚也过来劝阻，因为他们有一种抱死去小孩很不吉利的观念，而且按照当地的民俗，死小孩属非正常死亡，做这些事的一般都是肇事者或者是晚辈。他们说："张局长，你一个共产党的局长，你也是有老有小的人了，你不能这么做，你做到了我们家亲戚朋友都不愿做和不敢做的事，我们再到政府去闹事就对不起你呀。"就这样，两百多人闹事的态势迅速得到缓解。从 5 月 2 日上午一直到 5 月 8 日，张云泉天天在村里做安抚工作，天天和当地领导找建筑公司等方面做协调工作，事情很快便得到了解决，两百多人的群体性事件得以从根本上平息，无一人上访。

记者采访张云泉，他说：有些小事为什么会闹大了？就是少数干部推诿扯皮造成的。因此，处理这些窝囊事，干部要做到两个有，即思想上有一个高境界，主动去处理精明人不愿处理的"傻事"、常人不愿处理的难事；第二是行动上有个高姿态，这个高姿态就是在处理疑难问题的现场，干部要放得下架子，扑得下身子，受得了委屈。你把老百姓当亲人，老百姓才认你这个自己人。

不能克扣老前辈的保命钱

2004 年的夏天，市区二百多名退休老同志，因为退休工资拖欠问题，冒着高温到市政府集体上访。

正在开会的张云泉，得知老同志们上访的消息时，当即直奔集访现场。

现场令人担忧，那些上访的老人个个年龄都很大，那天的天气很热，老人们情绪激动，说不准随时就会有人中暑昏倒。

大家都熟知张云泉，一见到张云泉，老同志们立即围拢上来，七嘴八舌、争先恐后地向张云泉倾诉心愿。

张云泉一边苦口婆心地劝说，让老同志们要注意身体，气温高别中暑了；一边安排工作人员，将老同志们一个一个地接到信访局，让老同志休息、避暑。因为他知道，当务之急是让老同志们立即换个环境休息，而且要迅速平息他们激动的情绪。

这批老同志在企业改制前就已退休，并享受事业性待遇。据了解，该企业被市区某集团兼并后，退休职工的月工资一直不按时发放，并且擅自克扣拖欠工资和降低医保标准，老同志们想不通。前后找企业与相关部门反映交涉多次，问题一直没能解决。

张云泉接访后，多次为老同志们奔走，与所在区有关部门协调，并向市政府主要领导专门做了情况汇报。他说："老前辈，过去艰苦奋斗，为国家作出了贡献，企业的老总是在他们创业的基础上发家的，怎么反而克扣老前辈的保命钱？"

在市领导的关心与支持下，经多方做工作，终于妥善解决了这一难题，老同志们感慨地说："企业是老板的，但我们人还是共产党的！打心眼里感谢张云泉局长。"

正是：勤民所政民心向，旰食宵衣干群爱。

迟回半小时的遗憾

2008年的一天，张云泉突然接到老家的电话，赶紧向身边的工作人员交待了工作中急需处理的几个事情，匆匆忙忙从信访局楼上往下赶去。当他走到了信访局大门口时，有五个年老体弱的上访群众看见了他，就立即与他打起了招呼。他们说："我们从一大早就动身，步行了几十里地，特地来找张局长反映问题的，请你无论如何要亲自听听我们的上访诉求。"

张云泉陷入了两难的境地。因为刚才他接到了家人电话，说老父亲快不行了，要他马上赶回去。这边是五个年老的上访群众，步行了几十里地指名道姓来找他上访诉求的。怎么办？怎么办？张云泉犹豫片刻之后立即决定，抓紧时间先接待好上访群众再立马赶回去。

张云泉用了一个多小时左右的时间接待完五位上访者后，立即驾车往回赶。可就在他走到距离家不到半小时路程时，家里人来电话告知，他的老父亲走了，临走时还小声喊着张云泉的小名"云飞"，泪水模糊了他的视线，他把车停在路边哭了一阵，感到从部队到地方这几十年给老人的时间太少了！最后，老人离世了，儿子的面都没见上，这是一个无法弥补的遗憾。养老送终，人之常情，再说，张云泉是一个大孝子。因为工作，没能常年在父母身边养其老，父亲临终前想见一见大儿子，张云泉又因为工作而迟回了半小时，没能送终。想到父亲对自己的严格要求，想到自己工作中受到的一些委屈，再也控制不住自己，眼泪顺着脸颊不停地往下流，一个铁打的硬汉，也有控制不住自己的时候。

回到家后，张云泉跪在了父亲身边，握着父亲冰凉的右手，说不出话，只是看……

张云泉的父亲是1942年就参加抗日战争的老同志，生前时常教诲张云泉任何时候都要以党和国家的利益为重。老人家甚至还经常背地里询问张云泉的同事，下去办事有没有在老百姓家吃人家的？有没有收人家送的东西？在农村工作不方便时，吃了老百姓的饭有没有给人家钱等等，如果有，就请告诉一声，到时再给云飞上家法。其实，所谓的家法，就是严格的家庭教育！

前来悼念的人一批接着一批，张云泉一一行礼，行的是子礼！张云泉走到哪儿都很尊重当地的风俗，这是他有别于别人的地方。当地的地方领导一再安慰：请张局长节哀，你的眼睛有伤，请一定保重自己。后来，每当想起父亲时，张云泉总显得无比悲痛。他说："每当我逢年过节在外处理上访问题或看望贫苦百姓不能回家陪伴家人，其他人不能理解我时，老人总是几句平实的话，他说过节时，群众看到干部去了，高兴啊，他们高兴，我们家就高兴，我们就当他在家一样……"

→ 敬 业

☆☆☆☆☆

疏 堵

2000 年 7 月 23 日，某乡镇企业因改制问题处理不善，职工们在 38℃的高温下围堵在国道上八小时。马路上的柏油都晒化了，两个交警中了暑。

最初，只是企业里的三个工人询问什么时候发工资的小问题，由于老板狂妄的态度激怒了工人，整个厂对老板不满，引发堵塞厂大门的事件，由于老板仍不买账，又使事态扩大，直至扩展到附近地区几个工厂近两千工人的声援，发生堵路事件。

事情发生以后，当地领导很重视，前后派去了四批工作组都没有能够把路疏通。到现场做工作的不少年轻干部都是临时从机关各部门紧急召集过去的，他们缺少临场处置群体性事件的经验，而老板仍坚持不肯到现场表态，致使现场气氛越来越紧张，工人们与家属及被堵的赶路者大约5000人聚集在一起，其中，有些人的情绪越来越不稳定。

张云泉闻讯赶到现场，国道上已摆了好几排的长长车龙，有的人要赶火车，有的人要赶飞机，却被堵在这里一筹莫展。

张云泉走到人最多的地方，刚问了一句你们为什么堵路时，愤怒的人们得知他是上面派来的，顿时喊骂声一片。一个贩运鸡鸭的农民抓起一只死鸡就扔向张云泉的脸，鸡屎沾在他的衣服上、脸上、嘴唇上。

贩鸡的农民气愤地说："本来想把鸡运到上海、南京去挣点钱，路被堵，我们的车停在路上晒太阳，鸡都被晒死了，我们的血汗钱亏光了。你们这些当官的是拿工资的，到现在路都打不开，你们太无能了！"

看着张云泉脸上身上沾了鸡屎，有的群众喊好，有的群众鼓掌，也有一些社会闲散人员在那里开心起哄……

张云泉怎么也没想到，一到现场，群众就把死鸡扔到了自己脸上！闻到嘴唇边上的鸡屎臭，心里很是气愤，但是不可以发火，不可以和群众赌气。他拾起鸡，走上前，把死鸡还给了运鸡的农民，并对大家说："我很理解你们，你们的每一分钱来得都不容易。等人群都散了以后，我把你们的鸡介绍卖给附近的饭店，我看你这只鸡刚热昏过去还是软乎的，我认识这里饭店的老板，待会儿帮你们介绍给饭店老板，争取他能买下你们未死的鸡，减少损失。"

群众中开始有了不同的声音："鸡屎扔在脸上不发火还帮咱们，共产党的干部真能忍！"张云泉听到后，马上对起哄的闲散人员大声说道："你们不要趁人多混乱挑动闹事，我认识你们，无理取闹的人不要嚣张，群众的眼睛是雪亮的，谁要是无端生事，我们公安机关是不会放过的。"他的正气压住了一部分人。

接着，张云泉立即做起堵马路工人们的思想工作，向工人们了解围堵公路的原因。有的工人看他身上和脸上沾着鸡屎，劝他先去洗洗，换个衣服再来。张云泉笑着对工人们说："我脏一点不要紧，你们已经在马路上晒了一天的太阳，处理这里的问题，让你们早点回去要紧。"

有的工人看他脸上沾着鸡屎，且不计较扔鸡农民的行为，还要帮扔鸡的农民推销鸡，感动地说："你是好样的，像个人民政府的干部，你的话我们听。"

一个在路边开饭馆的老板当即表示说："您是真正的共产党人！鸡屎是臭的，鸡肉是香的。事情结束后，您说一声，我们一定按市场价购买这些鸡。"

到了这个程度，大家的气消了一大半，对立情绪不是没有，少了。工人告诉张云泉堵路的原因：一是工资问题；二是举报厂领导贪污腐败的材料被领导扣押，而刚才来的工作组对这两点问题都没有明确的表态，所以他们坚持堵路，不行，明天就去省政府集体上访。

张云泉听罢当即表态："只要大家反映的情况属实，第一，工资问题我连夜向分管领导汇报，明天一早就到你们厂里去给答复；第二，举报材料被扣押的问题，我不怕得罪你们的领导，现在就和你们一起去拿，并且一查到底！"

工人们忙说："前面那些工作组的人如果也像您这样解决问题，我们就不会在马路上晒一天了……"

张云泉见时机成熟，立即抓住机会大声对大家说："答应你们的事情我一定照办，不过你们尽管有委屈，可用堵路的方法是不妥的。这样做不但违反了法律法规，你们这一堵路使过往的行人都成了无辜的受害者，许多去上海、南京坐飞机、火车的旅客票也作废了，再看看这些贩鸡的农民兄弟鸡热死了那么多，你们可还忍心？"一席话说得大家心服口服，接着他又叫几名工人当向导，连夜去找领导，拿回举报材料。工人们见他真的去拿举报信便跟他走了，其他人也就散了。实际上，这是一种"散客"的智慧。从张云泉赶在现场，到人群完全解散，不到半个小时。

张云泉没有停息，在两名工人带领下连夜多方追查举报材料的下落，甚至出现敲错门遭住户骂的"特殊情况"。第二天一早，张云泉把连夜写的材料汇报给领导，九点前，如约拿着材料去工厂与工人见面，见门房只有两个工人，追问后才得知：工人们一早就全部聚集到工厂大门口，但听了昨晚跟张云泉一起的两名工人讲了追找材料、赶写汇报材料一夜没睡的过程后，大家都说：既然张局长说话不骗我们，我们就不去省里上访了。

在市领导的直接过问下，事情很快得到了解决，事后，工人们都夸赞张云泉办事实在，讲话算数。事后无一人去省里上访。

张云泉干信访工作近三十年，记不清为多少群众排过多少忧，解过多少难了。同志们说："不论大事小事，只要找到张局长，他都会抽出时间来，尽一切力量帮助找他的人。这些年，他为群众解决过户口问题、住房问题、就业问题、司法公正问题以及许多的矛盾纠纷，帮助了许多贫困群众。几十年的信访工作中，经他处理的各类社会矛盾纠纷、疑难杂症简直无法计算，但没发生过一起恶性信访事件，很多领导和调查案件的记者曾经说过，张云泉处理的信访案例个个是精品，他办理的信访案件可以"免检"。

张云泉常说：群众把我们看作是希望，我们绝不能让群众失望。

还有一次，一群向包工头要不到工资的农民工恼怒异常，手持棍棒等器械要去堵 328 国道，集访引起政府领导的重视，通知张云泉前去解决问题。

张云泉赶赴现场后，上前拦住了冲在最前面的农民工，并握住他的手诚恳地说："兄弟! 你此刻的心情我能理解，干了活拿不到钱，摊在谁身上，都会气愤。"

其他农民工围堵过来说："你是干部，月月到时间就拿工资，你能理解我们干了活拿不到钱，又要养活一家人的苦衷吗!"

张云泉立即大声对他们说:"我完全理解,我告诉你们,我现在虽然是干部,但我没有当干部之前也是农民。如果现在不当干部,说不定也和你们在一起打工,拿不到工资也会和你们一起上访。但是现在,你们靠用堵马路的办法讨要工资,我觉得方法上不妥。你们都是家里的顶梁柱,一个人打工养活全家。你们堵马路,马路上车辆川流不息,如果因为堵马路再造成车祸,那就会给个人和家庭带来更大的不幸。所以,我们要用理智的方法讨要工资。请你们相信,我会领着你们一起去找包工头要回你们的血汗钱。"

有一个农民工就问:"假如包工头也不买你的账

▷ 群众向张云泉赠送锦旗

079
为人民服务

呢?"

张云泉说:"那也没什么可怕的,我们有党、有政府支持你们,为你们撑腰。如果还不行,还有法院,用法律的武器维护你们的利益。我一定会帮助你们依法维权的。请你们跟我走,我是来请你们的。"

本来情绪非常激动的集访者,在听到张云泉的一番推心置腹的话后,马上从马路中间撤了回来,跟着张云泉去谈问题。

张云泉很多次遇到诸如农民工讨要工资等突访事件。有少数农民工兄弟因为文化水平不高,个别人比较粗野,容易冲动。加上辛苦到最后没拿到工资,会集结群体上访,甚至围攻市政府,冲砸企业负责人办公室等。遇到此类事情时,张云泉从不用大道理批评上访者,而是用农民工兄弟能够听得进的大实话去沟通、去交流,迅速拉近和上访群众的距离,控制事态的进一步发展,直至平息事端。

老哥,我帮你

1996年的一天,张云泉在办公室迎来了一位不寻常的上访者:某企业中层干部王友德,因在极"左"年代一桩涉外经济纠纷受到不公正的处理,身体垮了,家境也贫了,为此他到外地有关部门上访了十三年、一千多次,寄出了一万多封信,在看到问题很难得到公正处理的时候,他想用极端的方式来制造轰动效应。张云泉告诉记者:这时有人劝他到信访局来找我。

我当时热情接待了他，首先稳定了他异常激烈的情绪，向他解释我虽然不分管案件的平反工作，但绝对相信极"左"的时代已经过去，党和政府肯定会关心他的事情，鼓励他重振生活的勇气。

王友德为了讨回清白和公道，不断上访申诉。十三年间，他百十次到北京、南京等地上访，写了上万封申诉信，用去的纸就有几百斤重。

在诉求无果、走投无路的情况下，他找到了张云泉。他说这个世道太不公正了，所以他想把厂里陷害他的两个人杀掉，把厂里制造冤案的人和法院的一名错判的法官共两个人的头砍下敬到父母坟上，以告慰父母在天之灵，然后到北京自焚，以此来捍卫他做人的尊严。

张云泉倒了一杯清茶，送到王德友手上说："不能做这样的蠢事，要相信党、相信政府会正确处理你的问题的。你要对我们信任，只要你听我的，不采取不当措施，我张云泉愿意依据事实为你依法讨回公道。当然，你也不能太急，得给我些时间，我一定尽最大努力为你去办此事。"王友德似乎看到了希望，答应张云泉，放弃荒唐的想法，回家慢慢等消息。张云泉觉得案子的确有冤情，为此，会同有关部门，详细调查事实真相，并找出造成冤案的复杂原因，与有关方面尽力交涉，据理力争。时常为此争得面红耳赤，甚至有人还怀疑张云泉，为此事这么认真执著，是不是和王友德是亲戚关系。经过张云泉三年多的艰苦努力，王友德的问题终于得到解决。

1999年6月11日，1.78米个头的王友德在接到法院宣判无罪的判决书后，号啕大哭，特别感激张云泉。可张云泉却高兴不起来，他在思考：如果不发生冤案多好啊。十六年的光阴，消耗在上访路上，也牵涉了从地方到中央许多机关的精力，可惜呀！一个好同志本该为党工作的宝贵光阴就这样逝去，这是多么难以挽回的极大损失啊! 王友德感动得要向张云泉磕头感谢,被张云泉拦住了。他对王友德说:"我不完全是在帮你,我也在代一些人赎罪。"王友德当时不解地问:"你为我的事走了那么多路,吃了很多苦,要是没有你这样的好干部,我的问题还不知道什么时才能够解决,我谢你是应该的呀。"张云泉深情地说:"你本来就是个好干部,这么多年让你受委屈了,纠正错误还你公道,这是我们党员干部应该做的事情,我张云泉只不过做了我应该做的事情。"两人流着泪水拥抱,张云泉鼓励王友德好好生活。

王友德由衷地说:"如果不是张局长,恐怕早已和那几个诬告自己的人同归于尽了。我多年的诉求不知道遭遇过多少的白眼,从没有人像张局长这样热情而真诚地待我。和他交谈感觉是亲兄弟般贴心,我们全家这辈子都不会忘记他。直到现在,张局长还没有喝过我家一口水、吃过一顿饭,他是党的好干部、人民的好公仆。"为了感激张云泉,王友德专门送了锦旗表示感谢。

张云泉告诉记者:"我亲自组织人员反复调查,到外地协调有关部门,前后用了三年时间,终于查清事实真相,外地有关部门彻底平反了他的冤案。"

中央电视台《面对面》栏目。

(画外音)这家德华电器厂的主人叫王友德。1983 年,他在当地的机械厂工作期间,因为一笔

447.12 元的账务问题遭人诬陷，被错误判刑四年。他是独生子，也是孝子，去坐牢不到半年，不堪打击的父母均去世。为洗刷冤屈，十几年间，王友德不断地上访申诉，奔波南京、北京上百次，申诉材料寄出了上万份，但是一直都没能得到结果。1996 年，当王友德找到张云泉时，他已经产生了杀死诬陷者然后自焚的想法，以此来证明自己的清白。

张云泉：他找到我时他已经跑了十三年，感到很绝望，最后到我这儿来。他告诉我，他准备用一种很极端的方式来了结自己。

王志：按理来说，作为信访局长来说，转交处理就够了。

张云泉：是这样，可是有些事就是因为转交了以后没有用啊。如果说处理得下去，怎么会要跑十三年呢？我看到那些人要走极端，而且确实有冤屈，我感到心里很不平静。太不像话了，这是不应该发生的事。所以呢，我就帮他去跑。

王志：您帮他去跑？

张云泉：我帮他去跑。

王志：您是信访局长，您不是"上访局长"啊。

张云泉：我去跑嘛，和他自己去跑不一样啊。毕竟我是信访局长，外地的有关部门看到某某地方的一个信访局长去了，总得听我把这个我调查的内幕情况说清楚，同时指出它的危害性。

王志：您能解决什么呢？信访局能解决什么？

张云泉：就是啊，我不是法院的院长，不是我说要翻案就能翻案的。而且这个事情又不发生在泰州，是外地的司法机关（管的事）。所以我还得调查了解，到底这个冤假错案的关键在什么方面，被人忽视了的方面在什么地方。要拿出足够的理由来啊，不是光凭一颗热心去跑就能够解决得了的啊，它还得再查，查了以后还得开会。另外，开会思想那么（容易）统一吗？解铃还得系铃人。还会有反复，还会有阻力，所以就这样拖拖拉拉的，从我开始接待他上访，到彻底把这个案子在外地把它平反好，三年。

王志：为什么能坚持三年，来解决一个问题？

张云泉：假如这个事情发生在我身上呢？我怎么样？他是人，我也是人。这种不公正的待遇是谁也不能接受的。

王志：他的平反对你有那么重要吗？

张云泉：他的平反，对我个人，从良心上责任心上，我感到很重要，我认为他不应该受到这种极"左"路线的迫害。十六年，从开始上访到结束，十六年。最后，他拿到外地的平反判决书的时候，跪到我面前，来感谢我。他号啕大哭的时候，我并不感到心里好受，我和他同样难受。我不把别人对我的感谢当成一种什么精神享受，我认为这是一种悲剧，不应该发生的事。

王志：但如果作为信访局长来说，办案的都像这样办，你能办出几件案？

张云泉：我早就想过这个问题了。但是我看到社会上有那些不应该发生的矛盾激化了，（我觉得我应该这么去做），是不是（这些事）都应该发生到那种程度呢？很值得我们深思。这位老人接到平反通知当时就卷起裤腿，双膝跪在我面前说："还是共产党英明。"这件事给了我很大的触动，让我深深体会到群众利益无小事。目前，我们的社会正处于转型时期，各种矛盾交织在一起，有些事情按常理推断是难以想象的，不化解好人民内部矛盾，构建和谐社会的目标就难以实现。处在社会矛盾交汇的风口浪尖上，我摸索出做好信访工作要有"五心"。即接待上访群众要有责任心；对群众的困难要有换位思考的同情心；帮助上访人解决材料问题要有诚心；处理信访问题遇到阻力要有攻坚克难的决心；对一时处理不了的疑难信访问题要有长期作战的恒心。

→ 大无畏

★★★★★

抱住了铁锤

某炼油厂一群愤怒的工人，因讨要不到工资，带着棍棒、铁锤等冲向被他们称为黑心老板的办公室。声称如果要不到工资，就砸开黑心老板的办公室，砸烂黑心老板的狗头。

张云泉闻讯赶到现场，老板派的保安在办公室门口手拿橡皮棍与工人对峙，几名保安已经与工人产生肢体冲突，当时工人们有拿铁锤的，有持钢管的，有拿撬棍的，也有用手推，用脚踹的，有骂的，有呼口号的，高喊着要砸烂黑心老板的狗头。有个工人已经在用铁锤砸门。眼看一场因讨要工资引发的恶性流血事件即将发生。张云泉心急如焚。他说，说到底，都是人民内部的矛盾呀，怎么会动不动就惹事、闹事，有点事就堵路进京呢！

其他人见状，怕铁锤误砸到自己头上，吓得闪在了一旁。张云泉没有退，也不能退，他从后面拨开人群，硬挤到了最前面，拦在老板办公室的门口，上前双手抱住砸门的铁锤，喝令保安和工人们把手中的器械都放下。

张云泉死死抱住铁锤，并对那位持铁锤的工人说："好兄弟，我求求你！把铁锤放下！你要知道，你要工资是为养家糊口，但如果你要是把人砸死了，要追究法律责任的，到时后果就严重了。你把铁锤放下，我帮你进去向老板讨个说法。"

张云泉贴心的话，使那个工人的情绪一下子缓和了下来，也使现场的气氛缓和起来。

一阵吵闹之后，虽然有人还要"砸狗头"，但却没人再持锤。张云泉反复劝说："我非常理解和同情大家，我来就是解决问题的，请大家相信我，我张云泉说话算数。"这时有人说：张局长说到做到，他的话我们信。因为当时的张云泉已是全国的典型。终于，大家放下了手中器械。

遇到堵路集访这等大事的时候，张云泉就敢冲，那是潜意识里早就存在的忠诚和胆量。

现实中人没有谁不珍惜自己的生命。张云泉并不是神人，但是，张云泉有张云泉的生命观。到了关键时刻，他要冲。

张云泉说：我如果都不能冲上去，其他人还能冲上去吗！当年，我哥哥不就是为了新中国的解放才毅然冲上去的吗！难道说他当时就没想过要牺牲吗！不是的，他那一冲，便保护了同志，他那一冲，便保证了胜利。关键时刻，才能判断人的高下。权力和金钱并不能决定人的高下，人的高下也不是权力和金钱能够决定的。

老板把门打开后，受到了张云泉的严厉批评。张云泉不只会批评人，张云泉最拿手的是教育人、治"病"救人。张云泉耐心地做起了那位老板的思想工作，先谈利害关系，又谈社企关系，再谈劳资关系，最后谈到了爱心。那位老板听了张云泉的一番肺腑之言后，态度大变，本来傲慢的他，低下了头，表示愿意接受张局长的调解，并认识到了自己的错误。同意坐下来好好谈，拖欠的工资马上发放。事情还没算结束，那几位要砸老板的工人怎么办？他们再留在那个厂里，显然不合适。张云泉又做起了那几位工人的思想工作，他们也想通了，这一次闹大了，确实跟老板之间产生了隔阂，反正有技术，不担心，到哪儿都能混饭吃。

张云泉还是不放心，把那几位带头砸门砸人的工人领到了信访局，抽出半天的时间，专门做他们的思想工作：各位好兄弟，这一次的事情，开始并不怪你们，可你们知道不知道，你们的行为已经触犯了法律。不是我枉法，我是不忍心把你们交给有关部门。你们是打工者，如果不是我拦，打死了人，你们还能有好日子过吗！以后的路还很长，如果这一次处理了你们，你们想一想，再出去做事时，还能挺直腰杆吗！所以，你们必须认清错误，保证以后不再做荒唐事。如果你们出了事，受累的是谁呀？还不是你们的家人吗！家里人可等着你们的钱去维持生计呢，你们说，打架能打出生计吗？带头闹事的那几位，都低下了头，写下了保证书，保证今后不再聚众闹事，更不做砸人的荒唐事。

一场即将发生的流血冲突事件得到平息。

张云泉现实工作中如何切实克服胡总书记"七一"讲话中指出的"能力不足的危险"，针对社会弊端和如何面对现实问题创新社会管理的问题，他说要在解决实际问题上下功夫，而不是靠高谈阔论。少数干部耍圆滑，上骗乌纱帽，下哄黎民百姓，这样下去，我们能长期执政吗！他也不是没有涵养的人呀，此心可鉴，苍天应铭。可赞的是，他的真话，听课的干部不仅不生气，常常引来阵阵不息的掌声，并与之个别探讨一些疑难案件的处理办法。

从我身上辗过去

胡锦涛总书记指出："各级党委、政府和领导干部要不断提高激发社会创造力的本领、管理社会事物的本领、协调利益关系的本领、处理人民内部矛盾的本领、开展群众工作的本领、维护社会稳定的本领，把构建社会主义和谐社会的要求落到实处。"总书记的要求，张云泉一直用行动在努力践行。

1997年10月5日，因与南京汽车制造厂的汽车售后服务等问题发生分歧，加上外省个别律师的背后煽动、夸大事实和一些小报的炒作，引发近百辆出租车准备到市政府集体上访，扬言要在市内转两圈再去省城。张云泉得到消息，立即自己开车等候在通往市政府的必经之路，并通知公安交警配合。

出租车队开了过来，张云泉只身站在马路中间，眼看着领头的车辆一直顶到张云泉的腿上，这才停了下来！

张云泉站在那里，就是不让，并大声喝道："要想过去，除非先从我身上辗过去！"但领头的司机很嚣张，指着身上的龙虎文身说："老子是从山上下来的，什么人都不怕，你敢挡路，老子揍你。"这时，后面的司机跟着鸣喇叭，叫骂起哄。

张云泉冷静地掏出自己的证件，对坐在车里的领头司机说："有个东西请你看一下。"趁其看证件之际，张云泉一把拉开车门，将那人从驾驶室拉了出来，并随即抢过车钥匙。领头司机知道上当了，要打张云泉，张云泉拿出了在部队时练就的擒拿技术，制住了那人。就在这时，公安交警赶到现场，张云泉将领头司机交给公安干警。接着他耐心地劝说其他围拢过来的出租车司机，要他们冷静。他说："你们这样做的目的，我相信是为了解决问题，而不是蓄意闹事。你们不要听个别人的误导，你们有什么委屈和困难，可以到信访局去和我说，只要你们的诉求合理，我可以帮你们向有关方面讨说法，直到让你们满意为止。"

张云泉讲的话恳切在理，加上他在老百姓心目中有很高的威信。有些司机发话："张局长的话是对的，我们听他的不会错，我们这就跟张局长到信访局去。"

到了信访局，张云泉给大家倒茶、让座，然后坐到司机们中间，耐心地听司机们反映情况，并不时记下要点。对个别司机提出的不切实际的机械质量方面的赔偿要求，张云泉马上从技术的角度指出其某部分损坏的原因是司机自己造成的。个别司机很吃惊，不知道张云泉对机械方面也略懂一二，司机们当然不知道张云泉当年是搞军舰的。个别司机再也不敢狮子大开口了！在掌握了第一手资料之后，张云泉又赶紧跟厂方联系，了解到了厂方的赔偿方法，接着开始"讨价还价"，提出了让双方尽可能接受的条件。南汽派来了客户服务代表，问题得到了解决。

2002年，大批出租车司机开车围堵南汽集团总部，要求解决车辆售后服务等问题。矛盾双方各执一词，因外省市也发生过类似问题，且没有得到客观公正的处理，加之社会上极少数别有用心的人串联、煽动、炒作，导致此事前后持续了两个多月，一时间，不仅南汽的门口排起了上访车辆长龙，而且还一度堵塞了南京长江大桥北侧的两个收费道口，甚至已影响到局部地区的社会稳定及机关、企业单位的正常工作和生产秩序，客观上也加大了处理难度。当时正值十六大召开前夕，省有关领导对此事高度重视，直接给市负责同志来电，要求泰州派得力人员赴宁处理此事。市主要领导将这个任务交给了张云泉，要求以维护好十六大顺利召开的高度政治责任感处理好这件事。市领导对南汽集团的领导说："这次我们派的是'全国人民满意的公务员'张云泉局长来处理问题，请相信他一定会秉公办事。"

张云泉连夜赶赴南京，到现场后，才知道问题很复杂，同时也很担心，他不清楚南汽的汽车质量到底是否有问题，但要了解情况，还要做思想工作。车主素质参差不齐，认识不一，加上当时国内汽车行业尚无完善的售后服务规范可循，因此，要用户和厂家形成共识成了首当其冲的难题；另外，在和汽车集团公司领导谈问题时还要注意方式，要排除外省市参与闹事的车主和土律师、小报记者及社会上不明身份的人的干扰，不使事态扩大，当时的情况复杂混乱。

简单安顿下自己后，张云泉立即有序地安排同去的有关部门的同志分头做工作，一边找突破口做车主的工作，一边和南汽集团的领导反复商量，多次排除了外地车主、律师及记者的干扰。张云泉首先来到了泰州籍的司机们中间了解情况，并一再说明：泰州人应该有高姿态，我们要站在政治的高度看这件事，闹起来，只会让外人说我们泰州人没素质。经过两天两夜的疏通、调解，终于统一了厂家和出租公司及车主等方面的意见，车主们得到了满意的答复后纷纷回到了各地，不再上访，妥善处理好了这一事件。省有关领导给市领导打来了表扬电话。此时，距离十六大召开只剩下一天。

南汽集团的领导对事件的处理非常满意。南汽当时的老总黄小平专程赶到泰州，向市领导致谢。他深有感触地说：全国发生了好多起类似问题，泰州在全省处得最好，在全国也是处理得最好的，张局长真不愧是全国人民满意的公务员。他还表示愿加强与泰州在汽车零配件生产方面的合作。

上访的出租车司机们说：张局长为我们的事，白天晚上连轴转，累得走路都不稳，而且他秉公处事，不愧是全国人民满意的公务员！处理结果，我们满意。

→ "艺术家"

★★★★★

三鞠躬

1998 年中秋节晚六点半，村民杨某的妻子带着中秋礼品，去看望母亲。走到母亲家附近的路口时，被一辆疾驰而来的汽车当场撞死。

酒后驾车的肇事司机仗着父亲是某执法单位领导，肇事后态度蛮横，弃车扬长而去。而且当夜还找来一些人到遇难者村里，想强行将肇事后被村民推进村里的高档车辆开走。这引起了周围群众和遇难者家属、亲友的强烈不满，遇难者家属悲愤过度一时失去理智，有持棍棒的，有扔砖头的，一部分人拒不听从公安干警的劝说，准备聚集上千人，要去阻断高速公路的交通，不让南来北往的过客通行，甚至筹划大批人上访。

当时，张云泉正在医院治疗因工作受伤的左眼，一听说高速公路将要受阻，他便坐不住了，爱人对他说："你就剩右眼是好的，再到闹事现场，万一被打残了，今后的日子怎么过呀！"张云泉十分理解妻子的担心，他平心静气地对妻子说："今天我去了，风险是我个人的；今天我如果不去，事情闹大了，就关系到社会一方的稳定。"张云泉的话一出，爱人知道再说什么都没用，他拔下输液管针头，风风火火地直奔现场而去。赶到现场的张云泉一看，出事路段车辆的轰鸣声，上千人群的吵闹声乱成一团。个别别有用心的人正在煽动村民掀翻执行公务的汽车，并去堵塞高速公路，说什么如果上边来人要给他们点颜色看看。张云泉深知危险就在眼前，为了社会一方的安宁，他根本就不考虑自己的安危，张云泉站在村口大声对群众说："你们不要站在马路上，有话跟我说，我是信访局长。"话音刚落，一群人就围了上来，哭的、骂的、

▽ 张云泉的三鞠躬

推搡的、吐唾沫的，什么都有。张云泉极力克制着。

张云泉心里非常明白：这时的群众可谓什么都不怕，但做工作的人更不能怕。他一步步向死者家中走去，边走边对拦阻的群众说："请大家安静一下，我是来吊唁死者的，你们总不能阻止一个前往吊唁的人吧。"

他径直走到死者的遗像前，并用当地悼念死亡者的方法从口袋里掏出600元钱用白纸包好，放在遗像旁边。然后，他转过身来大声对群众说："谁是死者的老娘舅？我有话对他说。"

只见一个老者怒气冲冲走到张云泉身边说："我就是，你想把我怎么样？"

张云泉赶紧谦恭地对老人说："老人家，首先我向您老人家鞠个躬。"说毕，恭恭敬敬地鞠了一个躬。这一意外举动，使现场一下子安静下来。在遗像前，众目睽睽之下，张云泉恭恭敬敬地又鞠了两个躬，顿时，周围的吵闹声逐渐静了下来。

张云泉大声对群众说："我鞠了三个躬，第一个躬是我本人代表我们信访局的全体同志向死者致哀，向家属和亲友们慰问；第二个躬是代表肇事者及其全家向死者和各位请罪；第三个躬是代表政府向你们承诺，一定会合理、合情、合法地处理好这件事。我现在就来和你们谈问题。"众人凝眸而视，其人不凡！众人凝神谛听，其话不虚也不伪，句句见真情，字字含真章。张云泉的一番话，使紧张的气氛一下子缓和了下来。

张云泉接着对死者的老娘舅说："老人家，我完全理解你们。但现在事已发生，人死不能复生，死者九泉之下肯定也希望你们家人过得好，您老看现在我们是不是抓紧把事情处理好，既让死者安息，也让家人尽快恢复正常生活。我现在就来听你们谈对这件事情的处理要求好吗?"

张云泉诚挚的举动和深情智慧的一番话,说进了在场所有人的心坎里,紧张的气氛一下子缓和了下来。老娘舅听罢当即对张云泉说:"就冲你刚才的三鞠躬,我和你谈。"

张云泉最担心的是高速公路被堵。当时因为人多,你一言他一语的,根本就无法统一意见,而且已经有不少人集合在路口准备堵路。这个时候又不能强行驱散,不然可能会激怒全村几千人的情绪,事态会失控。

张云泉急中生智,他说:"老娘舅您辈分高,为了听取与死者有关的直系亲属对事故的处理意见,您把能够做主的几家的代表都喊过来,我们大家一起商量处理意见好吗?"

不出所料,老娘舅听了张云泉的话后立即把亲友中的骨干分子都召集了过来商谈。这样,张云泉巧妙地将组织堵路的骨干全部调了回来。他一边用手捂着时而流血、流泪的左眼,一面进行劝说疏导,拖延着时间,说话的声音都嘶哑了。人心都是肉长的,群众被感化了,一千多人就自动解散各自回家了。一场即将发生的大规模恶性聚众事件化解了。

张云泉强忍着左眼的伤痛,费尽口舌,从上午九点一直做工作到下午三点钟,终于把死者亲友的情绪稳定了,他们都表示相信张局长,只要张局长能亲自参与处理此事，他们就不会再去堵公路。

鞠躬，是中国传统民俗中一种庄重的礼仪，表达恭谨、敬重之情。"三鞠躬"源于张云泉对人民群众的深厚感情。

每当接到有关部门通报上访情况的电话，他第一句话总是说："对不起，我的亲戚又来打扰你们了。"同志们会心一笑：您的"亲戚"嘛，我们不能不管啊。张云泉话题一转，谁的亲戚都一样，都要管，大家要记住，我们的原则是守信不违诺，遇事不绕、不推、不躲，不搞"研究研究"敷衍百姓。行，就全力以赴办；不行，就坦诚相告为什么不行。他又说："群众把我们看作希望，我们绝不能让群众失望。"

有的地区和部门群体性事件被激化，原因在于，少数领导干部缺乏敏锐性和责任心，缺乏临阵处置问题的能力和本领。有些人甚至会回避矛盾，回避矛盾只会积压矛盾，不正视危机只会使危机潜伏，一旦矛盾激化、危机爆发，受损害的还是党和人民的利益。张云泉总是把矛盾消灭在萌芽状态，使问题解决在基层，起到理顺情绪、化解矛盾、安定人心、稳定社会的作用。这样做，既维护了人民群众的利益，又促进了一方的社会和谐。张云泉的"三鞠躬"从一个侧面展示了共产党人"鞠躬尽瘁为人民"的崇高境界，展示了新时期共产党人的精神和风采。

事情到此还没有结束，因为前面村民们已经与交警发生了冲突，他们拒绝到交警队去处理问题，防止被抓，交警也认为在群众有对立情绪的情况下，暂时不宜派员到村里处理，怕被再度围攻。张云泉建议双方到他住院的病房去商谈此事，双方都表示同意。张云泉把病房当办公室，主动配合交警队连续做了几天的工作，终于促成了事件的圆满解决。

就这样，没有出动一名警察，一起大规模堵路并策划群体上访的事件彻底化解了。

喝排污水

2009 年上半年，全国几十家网站和少数媒体同时炒作某贫困县的化工污染问题，还炒作当地政府和上访群众间发生的对立事件等等。领导对此高度重视，直接点名张云泉前往处理此事。

张云泉了解到，污染问题早已得到认真治理。化工园区的领导多次拿着污水处理合格的化验报告单，念给群众听，但群众根本不听，说是文化低听不懂，甚至还说环保部门和地方干部肯定与化工老板有不正当勾结等。群众坚持说水中有毒，上访事态越闹越凶。

经过几日的明查暗访、分析排查，张云泉已经心中有数。为了揭穿事实真相，平息事态，他决定改变读化验报告给群众听的方法。他要求当地的干部把群众领到排污口，现场解决问题。

当地干部担心群众闹事，就让群众派出部分代表到场。谁知到达现场围观的人越来越多，不一会儿工夫，现场就聚集了四百多人，还有人用拖拉机把回去的路给堵了。

当地干部对群众说："不是说好让你们只派出十几名代表的吗？"群众忙说："我们没有代表，我们都代表自己。"还有的干脆直白地说："你们拿我们当傻子呀，你们要是秋后算账的话，不就谁当代表谁倒霉吗！"

这时，有干部建议调警察过来。张云泉听罢立即制止，他说："这么多群众到场，不是坏事，这可是闹访的骨干分子帮了我们的忙，他们把人集中起来，正是个做群众工作的大好机会，我们揭开水污染的事实真相，他们才不去听那些个骨干分子煽动群众上访，这个机会我们不能错过呀。"

张云泉走到群众中间，大声对群众说："你们都说家里的鸡、鸭、鹅一喝这污水，脖子一歪就死了，那么你们哪些人家受害最严重？死了多少只？请站到前面来，你们互相登记，好向化工厂索赔时有个依据。"

话刚说完，就有群众纷纷说这家死了十只，那家死了十五只，还有丈夫说死了十只，妻子又挤上来说是二十只的，最终主动站到前面来登记的大约有二十来个。张云泉一看，从他们衣着打扮、言谈举止就知道，这些人比老实巴交的农民厉害得多，这些人正是闹访的真正骨干分子。就这样，他巧妙地把这些人的姓名、住址、联系电话都一一详细记录了下来。

接着，他叫一个农民拿一个水杯来。没想到，那个农民说没有水杯，却拿来一个塑料盆，张云泉请他在排污口打一盆水，端上来让大家看。

张云泉让其中闹得最凶的两个人靠到身边来，然后大声对群众讲："你们说听不懂化学字母表示的污染排放标准，现在我们就来说这盆水，看看大家反映的问题到底实不实。你们讲水的颜色发黑也发臭，现在看来，这个水颜色既不黑也不臭。"

上访的"骨干分子"又挑动说："水里面有看不见的毒，人一喝就死。"张云泉听罢,立即当着他们的面用手捧起里面的水,喝了几口。此举使在场的群众全都惊呆了!

有个干部很关切地要带张云泉到卫生所去洗肠胃。张云泉哪里会去呢,如果去的话不正说明化工排放水有问题,不是把事情闹得更大了吗?

张云泉继续大声说:"我喝了你们说的有毒的水,从现在开始,我和你们在一起,请你们男同志不要离开我,就是上厕所也跟着,监督我是否将水吐掉或者做其他处理。"

那个拿塑料盆的农民,吓得赶紧跪在了张云泉面前,后悔地说:"领导您这么大年龄了,我不应该呀!我刚才拿的盆其实是老婆用的洗脚盆,没想您这么大的官竟然会喝盆里的水!我们是信奉佛教的,老天在上,我要是现在还不说出来,家中老小要遭报应的!"

张云泉一听说刚才那个盆是那人老婆的洗脚盆就想吐,但很快强迫自己冷静下来,不能吐呀。

有群众说:不要说是处理过的化工污水,就是茶水,倒在脚盆里面的,我们也不会喝呀。

张云泉则摇摇头:"没关系的,只要你们相信水污染喝不死人,不再上访闹事就行。"

在场的所有人都被眼前这一幕震住了。

有人感慨:这个当官的真会解决问题!这样的官我们服。

张云泉看到群众的情绪比较平静了,就揭开了他们上访的真实目的："你们表面上反映污染问题，实质是因为房屋没有能出租，子女没有能进化工厂。而有些房屋出租人又是你们的村干部或村干部的亲友，你们碍于乡邻面子不好意思说，所以就以污染为由上访。可是你们越闹地方影响越坏、日子越穷，不可能因为上访闹事而脱贫致富。"

老百姓讲开了："是呀，您说的一点不错。自从这一闹，我们这里的海产品都不好卖了，人家都说我们这里的产品有毒不敢买呀！""早知道是这样，我们还上访干什么。"

见时机成熟，张云泉当即提出了解决问题的措施："第一，当地的危房改造资金能否向这里倾斜！化工厂能否献爱心，以农民自力更生为主争取把房修好，争取多出租。第二，所有来投资的老板，以后不允许自己寻找住房，统一由化工园区成立服务小组和农民进行联系。农民家有房屋需要出租的，由村里统一进行登记，和园区对接，均衡解决房屋出租问题。第三，解决村民的子女零就业问题，改变干部子女靠关系就业的状况，争取使园区的每户农民家凡是合乎条件的都有人能就业。"村民们对这三条措施非常满意。

张云泉请最后留下来的群众骨干分子一起吃饭，其实是面对群众不好召集、变换方式继续做工作，让群众中的骨干分子自己去教育身边的群众，把工作做得更扎实细致。一到饭店，张云泉就去了厕所，想呕吐，张云泉不是不爱卫生的人啊，想到洗脚盆……可面对当地的群众时，张云泉却轻描淡写地说：不就是个洗脚盆嘛！一提到洗脚盆，又想吐，但还是忍了。

就这样，闹了近三年的上访事件平息了。

分甘共苦同志情，鉴往知来社会心

在同事们眼里，张云泉既是领导，又是大哥。

同事们说张云泉有三个基本没有：基本没有节假日，基本没有固定的工作时间，基本没有按时吃饭时间。

同事们说张云泉有三个第一：把群众的呼声作为第一信号，把群众的需要作为第一选择，把群众的满意作为第一标准。

同事们说张云泉有四个办：一般问题抓紧办，紧急问题立即办，隐患问题超前办，疑难问题协调办。

同事们说张云泉有三个转事：苦事转成乐事，难事转成易事，窝囊事转成大好事。

同事们说张云泉有三个变声：把骂声变成理解声，把哭声变成笑声，把埋怨声变成赞扬声。

同事们说张云泉有三笑：笑口常开谈工作，笑脸相迎待群众，笑着告别上访人。

同事们说张云泉有三不：不拿群众钱财，不忘党恩民恩，不拿官位压人。还有三个不，那就是：不能吃苦就不能干信访，不能受委屈就干不了信访，不能俯下身子为人民服务就应离开信访。另外，还有四个不：在成绩面前不满足；困难面前不退缩；无论环境怎样变化，爱岗敬业的品质不能变；无论职务怎么变化，艰苦奋斗的本色不能变。

同事们说张云泉有三比：在理想信念上与革命先烈比，在工作标准上与先进模范比，在生活待遇上与困难群众比。

这一切的一切肯定都是张云泉平时的所作所为、所说所讲，否则同志们就不可能总结出来。张云泉还有一句名言：做人必须像人，当官不能像官。他总是以人民的期望鞭策自己。

→ 泰州全市学习张云泉

★★★★★

张云泉被树为全国重大典型之后，全国各大媒体相继推出张云泉同志的先进事迹报道，原泰州市委书记、现江苏省人民代表大会常务委员会副主任朱龙生批转：他把一切献给了普通老百姓！

泰州全市各地纷纷结合实际，开展了多形式的学习活动，掀起了新一轮学先进典型的高潮。

靖江市专门发出通知，要求各级党组织，尤其是机关部门党组织，有目的、有计划地营造学习实践张云泉精神的氛围。

时任泰兴市信访局局长的何荣富说，学习张云泉，要牢记宗旨，勤政为民，创新思路，做好工作。该局将结合实际开展讨论，从思想上、工作上和作风上认真对照，查找差距，真正使每个党员都能牢固树立立党为公、执政为民的宗旨，不断增强践行"三个代表"重要思想的主动性和自觉性。泰兴市民许建忠表示，要以张云泉为榜样，兢兢业业工作，踏踏实实做人，全心全意为人民服务。

"学习张云泉，我该学什么，又该怎么做？"姜堰市国税系统展开了一场大讨论，让系统上下尤其是党员干部，找到了为民服务、比学赶超的坐标。城区分局税务人员先后到开发区振华泵业公司、桥头镇康鹏农化公司征求他们对税务征管工作的建议，了解企业生产经营中的困难。

兴化市工商局把学习张云泉同志先进事迹，与正在开展的先进性教育活动结合起来，教育和引导党员干部立足本职，恪尽职守，一心为民，永葆共产党员先进性。该局开展了主题大讨论，组织党员干部争当"六个模范"：政治学习的模范、钻研业务的模范、求真务实的模范、廉洁奉公的模范、遵纪守法的模范、团结进取的模范，以自身的模范行动和人格魅力团结带领广大群众开拓前进，充分展现新时代共产党员的精神风貌。

海陵区党政机关、乡镇、街道的广大党员干部围绕"学习张云泉，我该做什么，我还差什么"展开了热烈讨论。该区四套班子领导身体力行，率先垂范，推行了"领导下访日"活动。经过深入调研，广泛征求群众意见，梳理出群众急需解决的活动用房、下水道堵塞、部分路段破损、社区道路无路灯、小区治安状况差等十五个突出问题。该区四套班子领导带着问题分五路深入社区现场协调，把矛盾和问题解决在基层。群众感动地说："领导下访,解决了上访问题。"

为将学习张云泉活动引向深入、推向高潮,高港区专门发出通知,要求各单位至少组织开展一次"为民服务集中活动"。该区要求各部门、单位发挥自身优势,走出机关、走向社会、走进群众,深入开展"一岗双责三服务"、"三下乡"、"四进社区"等活动,大力实施利民、便民服务,真正让人民群众感受到"学习身边人,争做贴心人"的实际成效。

市经济开发区把开展向张云泉同志学习活动纳入正在开展的保持共产党员先进性教育活动之中。开发区党员干部纷纷表示,学习张云泉同志要在思想中扎根,要在行动上落实,要在工作中贯彻,要像张云泉同志那样永葆党员的先进性,树立机关党员廉洁公道的形象,形成学习先进、弘扬正气、创优争先的良好氛围,不断提高党员干部发展经济、维护稳定、化解矛盾、廉政建设、公正用权、文明执法等能力。

2005年5月10日新华报业网载:深入学习张云泉,泰州市机关党员"一岗双责"。泰州市委结合深入开展学习张云泉活动,在全市乡镇、街道以上机关党员干部中开展"一岗双责"活动,积极探索建立机关党员先进性教育的长效机制。"一岗双责"主要指机关党员既要履行好自身工作职责,又要履行好社会职责。要走进农村,走进企业,走进社区,积极参加结对帮扶、志愿者服务等社会活动。

《泰州日报》载：虽然有很多事情要做，但李松林老师4月6日至8日还是腾出了时间，收看了中央电视台所有关于张云泉同志的事迹报道。李松林说："这几天，我一直被深深地感动着。有几次，我看着看着就情不自禁地流下了泪水。"

"一个信访局长，权力不大，却为老百姓解决了那么多事，真是不简单。"李松林说，"张云泉是我们共产党员学习的榜样。作为一名党员，我要在自己的岗位上充分发挥党员的先锋模范作用，给身边的青年教师做个好样子。""他是我们学习的榜样。"

2005年4月6日下午，机关干部于路从《泰州日报》上得知张云泉的事迹在各大媒体的刊播时间。几天来，中央电视台所有关于张云泉的报道，他都收看了。他对记者说："收看电视，就是学习的过程。张云泉把老百姓的事当做自己的事，把信访对象当做自己的亲人，对他们倾注了极大的热情，给予了莫大的关心……我们将在今后的工作中以自己的实际行动学习张云泉，力求把工作做得更好，事事想着老百姓，时时想着老百姓。"

"我没见过他，但对他很钦佩。我以前在收音机里听说过张云泉的事迹，没想到张云泉的事迹上了中央电视台。"4月6日晚，本来在文峰千家惠闲逛的老汉徐红师从商场的大屏幕里看到了张云泉。徐红师是西郊乡的农民。数年前，乡政府把他送进海陵区福利院。"我平时除了和老伙伴们聊聊天，就喜欢听听收音机。好多次，广播里说张云泉帮助困难群众解决问题，还自己掏钱给贫困家庭。我当时听了就很感动，心想，这真是个好干部啊。我一直没见过他的面，但我对他很钦佩。今天从电视里看到了他，果然是个很朴实、很善良的人，和我心目中的共产党的好干部一样。咱共产党的干部就应该像张局长这样。""愿好人一生平安。"

家住莲花三区的王琳女士说："张云泉把老百姓的事当做自己的事。上访群众的困难解决了，他自己的身体却累坏了。我在电视里看到他一只眼睛被打伤了，身上有不少伤，接受采访时还在打吊针。"王琳对记者说："我们普通老百姓不能替张局长分忧，但都很担心他的身体。由于跟他不熟悉，我们只能在家里祝张局长一生平安。"

▽ 张云泉在工作中

全省学习张云泉

★★★★★

2005 年 3 月 19 日《新华日报》在头版刊登了时任江苏省委书记李源潮同志撰写的《学习张云泉》,在文章中,李源潮特别指出:张云泉坐的是"清水衙门"的位,当的是"无权无钱"的官,干的是"机关第一难"的活,但他在本职工作岗位上,牢记全心全意为人民服务的宗旨,自觉实践"三个代表"重要思想,真心诚意为民解难、为党分忧,在平凡的岗位上做出了不平凡的事迹。文章对张云泉为党分忧、为民解难进行了充分的肯定,号召江苏全社会都要学习张云泉,尊敬张云泉,爱护张云泉。由此,江苏全省掀起了学习张云泉的活动。

2005 年 4 月 13 日,由江苏省委先进性教育活动第九督导组牵头,新华日报报业集团、新华社江苏分社、省出版集团、群众杂志社、省广电总台、省信访局等六家单位先进性教育活动办公室联合召开座谈会,结合新闻报道,畅谈学习张云泉先进事迹的体会，表示要以学习张云泉为动力，将先进性教育活动推向深入。省委先进性教育活动第九督导组组长潘湘玉在座谈会上说，张云泉同志的先进事迹可亲、可敬、可信、可学，他是我们广大信访干部的骄傲，是江苏广大干部群众的骄傲，也是我们共产党员的骄傲。新华社江苏分社记者朱旭东是长篇通讯《爱因信仰而璀璨》的作者之一，他说：全国三十一家媒体聚焦张云泉的先进事迹，这样的报道声势和规模在全国也是罕见。

原江苏省委书记、人大常委会主任梁保华批示：全体政府工作人员都要响应省委的号召，向张云泉同志学习，做人民群众的贴心人、知心人、连心桥，当好人民的公仆，建设人民满意的政府。

原江苏省委书记、省人大主任陈焕友感慨而书：向云泉同志学习！

江苏省交通厅助理巡视员、润扬大桥现场总指挥吴胜东谈：张云泉同志是新时期党员领导干部的楷模，在他身上集中体现出来的那种爱民以建和谐、敬业以求实绩、创新以解难题、清廉以立正气的精神，引起了我们建桥人的强烈共鸣，我们决心以张云泉同志为榜样，把张云泉精神融入到建设世界一流桥梁工程的具体实践中。

江苏省信访局总结出了泰州信访工作在全国领先的主要做法，张云泉不仅干实事，而且还注意创新工作方法，八四年他提出的让机关各部门年轻干部到信访岗位锻炼，提高做群众工作本领的做法后被推向全省，现早已被中组部推向全国。后来，他看到涉法类信访的增多，又提出请律师帮助接待解答涉法信访和对困难群众进行司法援助，并在全省推广。内容有：律师"坐堂"信访局；构建"大信访"格局；畅通建言献策渠道；建立领导与群众联系的机制；民主恳谈会制度。

　　1985 年，张云泉同志在原县级泰州市就施行了律师参与信访问题的处理工作，地级泰州市组建后，市信访局与市司法局积极在各市（区）推行了律师参与信访接待的工作，并不断使这一工作机制进一步完善。2003 年 8 月以来，全市共有律师 300 多人次参与了 320 多个信访接待日的工作，接待上访群众 500 多批，提供法律咨询 850 多人次，参与调解处理各类矛盾纠纷 400 余起，参与处理重大矛盾纠纷 40 余起，避免群体性上访事件 40 多起。2004 年 4 月 28 日新华日报刊登报道《泰州：律师"坐堂"信访办》，通过法律途径化解矛盾，架起信访群众和政府之间沟通的桥梁，省委书记李源潮作出批示："这个经验很好。" 2003 年 8 月 10 日，司法部副部长段正坤来泰调研工作时，对泰州市两级司法部门组织律师参与信访接待工作的做法给予充分的肯定，并称赞为"全国首创"。目前，这一制度已在省内外推广。

→ 全国学习张云泉

⭐⭐⭐⭐⭐

2005 年 4 月 12 日，在南京召开的先进性教育座谈会前，中共中央政治局委员、书记处书记、中央组织部部长、中央先进性教育活动领导小组组长贺国强亲切接见了张云泉同志，他反复强调，如果每个共产党员都能像张云泉这样做，立足本职岗位体现先进性，我们党就能永葆先进性。

"感谢你啊，这几天我们在收听收看你的事迹，非常感人！"座谈会前，一见到张云泉，贺国强就拉着他的手深情地说："你长期从事'天下第一难'的信访工作，特别是在新的社会形势下认真做好信访工作，事迹确实感人。在当前的先进性教育活动中，宣传像你这样的重大典型具有强烈的说服力，你的精神值得我们大家学习！"在座谈会的讲话中，贺国强再一次表示：张云泉在信访工作岗位上奋斗了二十二个春秋，迎着老百姓的方向走，扑下身子为老百姓办实事、做好事，在人民群众心目中塑造了可亲、可敬的党员干部形象，树立了一个优秀的信访干部形象。他的事迹最近被新闻媒体集中报道以后，不仅在江苏，而且在全国、在全社会引起了强烈的反响。我们都要很好地向张云泉同志学习，也要感谢江苏的党组织培育了这个好的典型。

贺国强还特别谈到座谈会上听了三个普通党员发言的感受。他说，泰州市信访局局长张云泉、扬州市交警支队的吴杰、淮安市妇联女党员刘卉，结合自己的实际重点介绍了在平凡的工作岗位上，兢兢业业为党工作的体会，听了令人感动。尤其是张云泉同志说，共产党员的先进性是从工作的一点一滴中体现的，作为一名在信访工作岗位上的党员，特别注重"四种能

△ 张云泉深入基层体察民情

力"建设和发扬"五心"精神，就能把党和群众联系的窗口擦得更亮。

贺国强说，全面建设小康社会，推进中国特色社会主义事业，离不开千百万共产党人在本职岗位上所做的具体工作和不懈努力。共产党员保持先进性，必须体现到改革发展稳定的各项工作中发挥先锋模范作用上，体现到带领群众为推动经济发展和社会进步而开拓进取的实际行动中。在先进性教育活动中，要教育引导党员立足本职岗位，勤奋学习，增强本领，提高素质，努力创造无愧于时代、无愧于历史、无愧于人民的一流工作业绩。

中共中央总书记胡锦涛批示：群众立场，就是要始终站在群众的角度去考虑和解决问题。我们只有把群众放在心上，群众才会把我们放在心上；只有我们把群众当亲人，群众才会把我们当亲人。站稳群众立场，要注重解决人民最关心最直接最现实的利益问题，兼顾好各方面群众关切，坚决纠正损害群众利益的行为，办好顺民意、解民忧、惠民生的实事。无论是对群众"三鞠躬"的信访局长张云泉，还是说出"我们干工作不是做给上级领导看的，是为了人民群众的幸福"的杨善洲，他们都有很坚定的群众立场，因为群众在他们心中的分量很重。

此后，多位领导做了批示。

中央政治局常委、中纪委书记贺国强批示：要学习张云泉立足本职岗位体现先进性。

中央政治局委员、书记处书记、中宣部部长刘云山批示：令人震撼、令人感动、令人敬佩。

中央政治局委员、书记处书记、中组部部长李源潮批示：他真心实意为人民服务！

原国务院秘书长、现全国政协副主席王刚批示：要重点宣传张云泉同志始终牢记全心全意为人民服务的宗旨，自觉实践"三个代表"的重要思想，恪尽职守，爱岗敬业，为群众排忧解难的先进事迹。借此弘扬信访系统这种不事张扬，埋头苦干，兢兢业业，无私奉献，为党的事业自觉奋斗的精神！

国务院副秘书长、国家信访局局长王学军批转：他是信访干部的优秀代表！

中央纪律检查委员会副书记张惠新批转：你是全国的典型，不仅带动了泰州的信访工作，也带动了全国的信访工作，我们纪检监察系统的信访干部要向你学习！纪检监察系统的干部要向张云泉学习，学习张云泉的工作经验，更要学习张云泉的工作精神，倾听群众的呼声，切实解决人民群众的突出问题。

中央新闻采访团团长、中央新闻局副局长刘汉俊感慨：张云泉的"三鞠躬"包含着他对人民群众深厚感情的"草根情结"。他的这种"草根情结"闪现了新时期一个共产党人的赤子之心，体现了一个人民公仆爱民如天的大爱情怀。

国家信访局党组：学习张云泉做好新时期信访工作。江苏省泰州市人民政府副秘书长、信访局局长张云泉同志的先进事迹，集中体现了广大信访工作人员牢记宗旨、勤政为民，胸怀大局、不辱使命，开拓进取、艰苦奋斗的时代特征。国家信访局已做出决定，号召全国信访系统广泛开展向张云泉同志学习的活动。局党组一致认为张云泉同志为我们如何做好信访工作，树立了一把标尺，为我们信访战线的共产党员如何体现先进性，树立了一个标杆。学习张云泉同志就是要以他为榜样，奋发有为地做好新时期的信访工作。

全国信访系统掀起学习张云泉热潮。2005年4月10日《人民日报》：信访局长的好榜样、困难群众的贴心人张云泉的先进事迹在人民日报、新华社、中央人民广播电台、中央电视台等新闻媒体播出后，在全国信访干部中引起了巨大的反响，全国信访系统掀起了学习张云泉的热潮。国家信访局先进性教育活动领导小组办公室组织全局党员和群众认真收看、收听、阅读新闻媒体上有关张云泉先进事迹的报道，把学习张云泉作为局先进性教育活动的一项重要内容，要求全体党员以张云泉为标杆，自觉查找差距，认识不足，争创一流工作水平。王学军局长亲赴泰州市，代表局党组慰问张云泉。他强调指出，张云泉是新时期信访干部的优秀代表，他用实际行动诠释了新形势下信访战线共产党员的先进性，更重要的是，他就如何做好新形势下信访工作为全国信访工作者树立了榜样。

荣　誉

中国共产党十七大代表

★★★★★

2007 年 6 月，张云泉光荣当选党的十七大代表，他表示："我将以高度的责任感去了解社情民意，关注民生，永远做人民的勤务员！"

张云泉说：新时期的典型不仅要"埋头拉车"，还要"抬头看路"，要注意研究新问题，创新工作方法。

10 月 12 日下午，南京市琅玡路小学体育馆内，锣鼓喧天，彩旗招展，热闹非凡，由团省委、省少工委、团市委、市少工委等单位共同举办的江苏省暨南京市"少先队喜迎十七大，红领巾与先锋同行"主题队会在此隆重举行。省十七大代表张云泉、陈达、侯晶晶、谷宁丽等代表走进了琅小，和全省少先队员代表交流沟通互动，畅谈心扉。

主题队会上，琅小的少先队员为代表们系上红领巾，一条条鲜艳的红领巾，代表了一份份诚挚的心意。代表们对少先队员寄予了殷切希望。

张云泉代表动情地向孩子们讲述了少年时代艰难的学习历程："我生在如东黄海边一个荒凉的小渔村，50年前那里非常穷苦，附近没有学校，宝贵的学龄时代就这样荒废了。我一天学也没有上，全部靠自学。借别人的书，一个字一个字地问大人，那时村里一百多人中，学历最高的也只读了三年半书，所以他们也教了我不少错别字，我最初的学习就是这样起步的。今

△ 党的十七大代表张云泉接受新华网专访

天当我走过任何一所学校，我都会去看看，想着要是我能在这里读书就好了。今天你们有这么好的学习机会和条件，希望同学们好好珍惜，把老一辈所受的苦难作为今天的财富。"

会上，琅玡路小学少先队员们向张云泉代表赠送了亲手绘制的祝福十七大圆满召开的长卷和《绣娃心向党》的绣品，祝愿十七大顺利召开，祝福祖国繁荣昌盛！

2007年11月2日下午，泰州市职业技术学院春晖校区体育馆座无虚席，掌声不断。党的十七大代表、该校特聘德育教授、泰州市政府副秘书长、信访局长张云泉应邀来校传达党的十七大精神。校全体中层以上干部、党员教师和学生党员以及部分学生代表听取了报告。报告会上，张云泉结合自己参加十七大的所见所闻，讲述了代表团审议、选举等方面的相关情况。张云泉说："坚持和发展中国特色社会主义，既是理论问题也是实践问题；能否与中央保持一致，坚定不移地贯彻落实十七大提出的各项任务，做好我们的本职工作，是检验衡量各级党组织和广大党员，特别是党员领导干部坚持社会主义信念坚定不坚定，旗帜鲜明不鲜明的最科学、最权威、最有说服力的尺度。"听完张云泉报告后，广大党员干部和师生代表纷纷表示，要在十七大精神的指引下，切实增强自己的使命感和责任感，用自己的实际行动为夺取攻坚战作出新的贡献。

此间，各界对张云泉的评论较多，如：这个人的心似乎是用两种材料做成的，一半是水，一半是钢。他善良重情，不知曾为多少百姓的疾苦流下热泪；然而他又坚韧强硬，遇不平之事，会怒发冲冠，拍案而起，置生死于不顾。这是一个富于挑战性的人，他每天面对的都是一张张怒气冲冲的脸，听到的是骂声、哭声和埋怨声，碰到的是一个个令人头疼的问题，做不尽的是烦事、难事和窝囊事。然而，他却对自己的工作有着深深的感恩。正是在这个号称"机关第一难"的岗位上，他以二十二年的春秋让生命有了最炽烈的燃烧，他用一身的志气、骨气和血气证明了一个共产党人的存在。这是一个为了信仰和理想而战的人，他付出了一生，不求人们记住他一个字，只愿人们懂得一个理：共产党好。

➡ 全国道德模范

★★★★★

2007 年 9 月 19 日《新华日报》载：记者从北京获悉，备受关注的全国道德模范已经产生并受到胡锦涛等中央领导的亲切接见。我省（江苏）张云泉当选全国敬业奉献模范，殷雪梅当选全国见义勇为模范。

由中宣部、中央文明办、解放军总政治部、全国总工会、共青团中央、全国妇联共同主办的这次评选，是新中国成立以来规模最大、规格最高、选拔最广的道德模范评选，在 2007 年 9 月 20 日（公民道德日）这一天隆重揭晓。评选是从 308 位正式候选人中由普通百姓通过投票的形式选出，真正做到了"人民选人民"。分为"助人为乐"、"见义勇为"、"诚实守信"、"敬业奉献"、"孝老爱亲"五个类型。颁奖晚会致敬辞是这样的："恪尽职守。是你们，几年、十几年、几十年如一日，服务人民、尽心尽力、安贫乐道；在自己平凡的岗位上，将责任心、使命感化作了坚守的动力，为社会的发展奠定牢固的根基——向你们致敬！"

在获得全国"人民满意的公务员"称号之后，张云泉又获得了此殊荣，作为当选的敬业奉献模范之一，他又一次成为了公众关注的先进典型。

十七大期间，十七大代表张云泉是接受采访次数最多的代表之一。在这期间，张云泉义正词严地驳斥了个别境外记者对我们国家的歪曲。

某境外记者挑逗性地发问：北京郊区有个"上访村"，你怎么看？张云泉反问对方：中国的地图上有哪个村子叫上访村的？张云泉严肃地告诉对方："依法对社会治安进行整顿都是正常现象，难道你们不是吗？这有什么大惊小怪的。"

有几个国外记者边收拾工具边退场，以示不满，还说："你不能当信访局长。"张云泉问："为什么？"他们说："你去当外交部发言人吧。"张云泉毫不客气地说："你没有权任命我，你们的老毛病又犯了，就想干涉别国内政。"

张云泉答记者问时的精彩回答，令同行的江苏同志振奋不已，大家听到他以不争的事实有理、有利、有节地驳斥了少数西方记者对我们的歪曲攻击，很多成员开心地说："太让我们扬眉吐气了！"同时也得到了地方和中央领导的肯定。

在江苏代表审议十七大报告的小组会上，时任江苏省委宣传部长的孙志军同志说："张云泉同志不只是信访干部学习的榜样，他也是宣传、文化部门同志学习的榜样。"时任江苏省省长的梁保华同志当即补充："要把张云泉同志的答记者问的内容分发到省里的有关部门，有关部门要组织学习。"时任江苏省委书记的李源潮同志如此肯定张云泉的答记者问："云泉同志的答记者问，非常精彩，恰到好处，完全站在党和国家的利益上。"参加小组审议的中央主要负责同志说："云泉同志的回答非常精彩，我为你鼓掌。"

江苏省委常委、省政法委书记林祥国在看了《新华日报》记者赵晓勇的专题报道后立即作出批示："省政法各部门领导成员及庆元（省信访局长）同志：看了云泉同志回答境外记者问题的情况，深受教育。云泉同志面对少数境外不友好记者带有歪曲性、攻击性、挑衅性的提问，利用不争的事实和自己广博的知识从容、理智、精彩地回答了问题，全力维护信访、司法部门和干部形象，值得我们虚心学习。"

➔ 奥运会火炬手

★★★★★

中新网 2008 年 5 月 25 日电：全国道德模范泰州首棒，路线展示"双水绕城"风貌。

奥运官方网站 2008 年 5 月 26 日讯：今日 9 时，北京奥运火炬接力泰州站的传递活动正式开始，"全国道德模范"张云泉成为泰州站的首棒火炬手。泰州市传递路线重在展示"双水绕城"的城市风貌，充分体现历史人文与现代文明交相辉映的城市形象。在不长的传递路程中，火炬手们将经过 11 座大桥，其中迎春桥、鼓楼廊桥最能反映泰州"城中有水，水中有城"的地域特色。火

△ 奥运火炬手张云泉

炬传递沿线古典气息浓郁的明清老街，体现泰州戏曲文化的梅园、桃园以及苏中苏北地区最高的跨街电视塔都别有风味。

在起跑仪式上，所有与会者照例为四川地震遇难者默哀一分钟。火炬手纷纷向灾区伸出援手，积极捐款。张云泉又以第一棒火炬手的身份在火炬手中募捐到十五万元，在起跑仪式上当场捐献，全场报以热烈的掌声。上午，他们高举"祥云"，开始"和谐之旅"和"爱心传递"。

"双百"人物

★★★★★

为推动爱国主义教育活动深入开展，迎接新中国成立60周年，经中央批准，中央宣传部、中央组织部等11个部门联合组织开展评选"100位为新中国成立作出突出贡献的英雄模范人物和100位新中国成立以来感动中国人物"活动。七月根据提名情况确定了候选人，向社会公布并接受投票。群众参与投票总数近一亿。在投票评选的基础上，经过有关部门审核、组委会评审组专家投票等程序，最终评选出 100 位为新中国成立作出突出贡献的英雄模范人物和 100 位新中国成立以来感动中国人物。张云泉当选为"双百"人物之感动中国人物。

后 记

不朽的是道德

当经济成为了生活主题、一切都向金钱看之后，道德的天平开始倾斜，正义的步伐不得不减缓，甚至越来越脆弱，社会问题接踵而至。

当道德的底线一次次被现实捅破，谁在守望那一片被称为纯洁的情感之林？

谁来为时下社会现实问题买单？

你选择了什么？这是衡量真伪的时候，也是评判善恶的时候。

你选择什么呢？历史会做记录。现在得势，但绝不可能永远得势，特别是到了历史地平线上的时候，你必须拿出真诚，否则就是欺他与自欺。别以为欺负了百姓便是一种成绩，不是的，历史绝不会那么写，后来肯定会做出正确判断的。

你是选择冷酷，还是选择关怀？！

人性的光芒需要闪现。

道德的天平必须平衡。

人民的政府，应该为人民服务。

于是，便有了"机关第一难"的信访办。

张云泉，一个基层信访局的负责人，试探着用党性、良心去化解一个个社会矛盾时，总显得有些力不从心，甚至到了被打、被踢的地步。但难能可贵的是，他没有退缩，他不仅在用心做事、用情理事，还在用法、用智，有时不得不用一用有限的权力，因为他的坚守，也因为他的认真，他成了人民满意的公务员，成了全国的道德模范、"双百"人物！人们从他的身上，更多地体会到了人间的温暖、公权的正义。他的许多传奇故事在社会上流传，越传越神，以至出了数个新的歇后语：张云泉办案——免检；张云泉到场——正义打响；张云泉高喊——机智勇敢；张云泉流泪——情真意切；张云泉出手——惩恶扬善！

张云泉说："不能认为接待群众是一件难事，应该把人民群众当做我们的衣食父母，到任何时候，千万别忘了，是人民群众的辛苦付出，养育了党，养育着当下的政府机构。你对养育你的人指手画脚，不只是对他们的不尊，更是对自己的不尊。不能怪老百姓上访不断，应该问问我们为老百姓做了什么！面对上访群众，我们要俯下身子；面对群众靠个人力量难以克服生存遇到的困难时，我们必须伸出手来，拉他们一把，因为我们不拉，坏势力、坏人就会拉他们去，本来是我们的群众，到时候却成了我们的对立面，不值呀！这笔账要会算。"

他之所以能以忧患意识和责任意识做到上不负党，下不愧民，还因为他始终坚持在工作中升华人生境界，他用这种境界提炼一些简洁好记而又有特色个性的观念：他说，千万不能把为民办事当成是对别人的恩赐，而要把为群众办事的过程就是向群众学习的过程，变成体察民情，感受民声民怨的过程，变成警示教育、升华人生境界的过程，这样就能始终从群众工作中吸取不尽的营养和智慧，使自己始终充满为民服务的激情。

张云泉忧国忧民的情怀令人感佩，他能思考到更深层次，跟他的学养、修养、精神面貌紧密相连，都说文如其人，话如其人，这话不假。这种先天下之忧而忧的品质本身就是社会财富。

越是在金银力量强大的情况下，越要保持清醒的头脑，越要设法为人民谋利益，越要有舍下金银和官位的勇气！做到这一点的，不能说没有，少，因为少，所以弥足珍贵。在全国经济建设取得巨大成绩的时候，中央提出加强全社会的道德建设，实在是大得人心！同样关系到执政基础的巩固及社会的和谐与发展。

落难受灾之时，委屈困惑之余，一种道德的力量正在升腾，如同升起了新的希望。张云泉如同道德力量的化身。

这正是：人间自有真情在，党性国法有人护；霸道特权人民恨，为民服务人民爱！

编写完这篇文章，说实话，写得有点累，这个累，不仅仅是写作本身的辛苦，更主要的是激动、感动、心动！多年来，如此撼心者，张云泉也！个中感念，皆是发自肺腑的炎热，恍若隔世之抚慰，顿觉一身的爽快，一种油然而生的正气，透过胸口，敞篷而歌：铁头之人，挺拔捍卫，使我等苦闷的抱负入微就学；被称为"青天"的人，觉悟共同，令我们燃烧的激情延期发挥；"傻子"的你，危重加身，命我等难堪的躲避惭愧收敛；无畏的你，沉着淡定，促我等责任的勇气敢情担当！你已经不仅仅是我们的良师，我们的益友，你是一盏民心的灯，虽不是强光普照，却逼我等坚强，催我们上进，助长了我们跃马扬鞭的才气与豪情。还有什么理由可以吝啬所谓的辞藻，我们要让一个人民之子的心声，滥觞成爱民、助民、惠民、亲民的爱的海洋，那冉冉升起的，可不正是一股暖流，在天地之间，绽放奇彩，大书敬仰！闹事难事天下事，事事在心的你，云泉大哥，替我们保重，多保重自己。

为人民服务者，必得人民之敬仰！

为人民服务者，才算得上真正的人民之子。

张云泉就像一面旗。张云泉已经是一面旗：一面道德的旗、力量的旗、正义的旗。

/**100**位

新中国成立以来感动中国人物 /

丁晓兵　马万水　马永顺　马恒昌　马海德　中国女排五连冠群体

孔祥瑞　　孔繁森　　文花枝　　方永刚　　方红霄　　毛岸英

王　杰　　王　选　　王　瑛　　王乐义　　王有德　　王启民

王进喜　　王顺友　　邓平寿　　邓建军　　邓稼先　　丛　飞

包起帆　　史光柱　　史来贺　　叶　欣　　甘远志　　申纪兰

白芳礼　　任长霞　　刘文学　　刘英俊　　华罗庚　　向秀丽

廷·巴特尔　许振超　　达吾提·阿西木　邢燕子　　吴大观

吴仁宝　　吴天祥　　吴金印　　吴登云　　宋鱼水　　张　华

张云泉　　张秉贵　　张海迪　　时传祥　　李四光　　李春燕

李桂林和陆建芬夫妇　李素芝　　李梦桃　　李登海　　杨利伟

杨怀远　　杨根思　　苏　宁　　谷文昌　　邰丽华　　邱少云

邱光华　　邱娥国　　陈景润　　麦贤得　　孟　泰　　孟二冬

林　浩　　林巧稚　　林秀贞　　欧阳海　　罗映珍　　罗健夫

罗盛教　　草原英雄小姐妹　赵梦桃　　钟南山　　唐山十三农民

容国团　　徐　虎　　秦文贵　　袁隆平　　钱学森　　常香玉

黄继光　　彭加木　　焦裕禄　　蒋筑英　　谢延信　　韩素云

窦铁成　　赖　宁　　雷　锋　　谭　彦　　谭千秋　　谭竹青

樊锦诗

图书在版编目（CIP）数据

张云泉 / 张明乔，黄泽南著. -- 长春 ：吉林文史
出版社，2012.7（2022.4重印）
（100位新中国成立以来感动中国人物）
ISBN 978-7-5472-1143-4

Ⅰ . ①张… Ⅱ . ①张… ②黄… Ⅲ . ①张云泉－生平
事迹－青年读物②张云泉－生平事迹－少年读物 Ⅳ .
①K828.2-49

中国版本图书馆CIP数据核字(2012)第171705号

张云泉

ZHANGYUNQUAN

著/ 张明乔 黄泽南

选题策划/ 王尔立 责任编辑/ 王尔立 李洁华 马华 任玉茗
装帧设计/ 韩璘
出版发行/ 吉林文史出版社
地址/ 长春市福祉大路5788号 邮编/ 130118
电话/ 0431-81629363 传真/ 0431-86037589
印刷/天津海德伟业印务有限公司
版次/ 2012年8月第1版 2022年4月第4次印刷
开本/ 640mm×920mm 1/16
印张/ 9 字数/ 100千
书号/ ISBN 978-7-5472-1143-4
定价/ 29.80元